BERNARD WERBER · DAS BUCH DER REISE

BERNARD WERBER

DAS BUCH DER REISE

Mit 6 Zeichnungen von
Tullio Pericoli

KABEL

Die französische Originalausgabe
erschien 1997 unter dem Titel
»Le Livre du Voyage«
bei Éditions Albin Michel S.A.
in Paris

ISBN 3-8225-0478-5

Aus dem Französischen übersetzt von Stephanie Oruzgani
Titelabbildung: Tullio Pericoli
Gesetzt aus der Sabon Mediäval
Gesamtherstellung: Kösel, Kempten
Printed in Germany

Guten Tag.

ICH STELLE MICH VOR

Ich bin ein Buch, und ich lebe.
Ich heiße »Das Buch der Reise«.
Ich kann Sie, wenn Sie es wünschen, auf die unbeschwerteste, intimste und einfachste Reise führen.
Hm...
Da wir gemeinsam etwas Großartiges erleben werden, erlaube ich mir zunächst, dich zu duzen.
Guten Tag, Leser.
Du siehst mich.
Ich sehe dich auch.
Du hast ein ebenes Gesicht mit feuchtglänzenden Augen.
Und ich zeige dir diese Seiten Papier voller Buchstaben, die mein bleiches Antlitz bilden.
Unsere Verbindung hat bereits über den Bucheinband begonnen.

Ich fühle deine Finger auf meinem Rücken, deine Daumen auf meinen beiden Seiten.
Übrigens kitzelt mich das ein wenig.
Es wird Zeit, mit meiner Vorstellung fortzufahren.
Ich heiße »Das Buch der Reise«, aber du kannst mich auch »Dein Buch« nennen.
Nur um dich zu beruhigen: Ich bin weder ein mystisches Buch noch ein Buch der Weisheit, ein Hypnosebuch oder ein Buch über Transzendentale Meditation; ich habe auch nicht das Ziel, dich für eine Sekte, eine Partei, eine politische Splittergruppe, eine Lebensphilosophie oder eine New-Age-Bewegung zu gewinnen.
Das ist nicht meine Art.
Verzichte einfach darauf, mich in eine bestimmte Schublade zu stecken, und nimm mich, wie ich bin.
Ein Buch der Reise.
Das Besondere an dieser Reise ist, daß du dabei die Hauptperson bist.
Du warst es ohnehin schon.
Aber bisher warst du es, wie soll ich es sagen, eher... indirekt.
Man hat es dich nicht wissen lassen, aber:

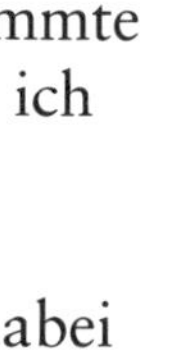

Du warst bereits Jonathan Livingstone im Roman von Richard Bach.
Ebenso der kleine Prinz von Saint-Exupéry,
der Mann, der König sein wollte, von Kipling,
der Prophet von Khalil Gibran,
der Messias von *Dune*
und Alice im Wunderland von Lewis Carroll.
Du bist jeder einzelne Held gewesen und bist es noch heute.
Aber das wurde nicht offen ausgesprochen.
Ich, »Das Buch der Reise«, habe nicht diese Scham oder diesen Takt.
Selbst wenn ich riskiere, dich zu schockieren,
werde ich dir nur einen Namen geben:
»Du«.
Denn du allein kannst hier und jetzt eine Sache vollziehen:
die Lektüre.
Und außerdem bist du auch der Meister dieser Reise, mein Meister.
Während dieses Ausfluges werde ich lediglich anwesend sein, um dir zu dienen und dein kleiner Führer aus Tinte und Papier zu sein.
Auf meinen Seiten wirst du nicht die üblichen

Metaphern finden, nicht die Figuren, die dir in den gewöhnlichen Romanen begegnen.
Du wirst dich nicht als Piratenchef fühlen können, als König der Sümpfe, Herr der Kobolde, Zauberer des Waldes, aus der Verbannung Zurückgekehrter, unverstandener Gelehrter, alkoholsüchtiger Detektiv, genialer Musiker, einsamer Söldner.
Du wirst dich auch nicht als liebreizende Prinzessin fühlen können, als mutige Mutter, als Krankenschwester getarnte Spionin, Königin der Gespenster, lenkende Göttin, Studentin der Blauen Blume, Vampirin, großherzige Prostituierte, heruntergekommene Schauspielerin, geniale Hexe oder einsame Ethnologin.
Du kannst nur dich selbst fühlen.
Tut mir leid.
Ich glaube, daß ein gutes Buch ein Spiegel ist, in dem du dich wiederfindest.
Auf meinen Seiten werden dir auch nicht diese prächtigen Bösewichte begegnen, bei denen man wünscht, daß sie am Ende enthauptet würden und ihr Gedärm unter freiem Himmel zur Schau gestellt werde, als Sühne für ihre schändlichen Taten.

Kein unerwarteter Verräter.
Keine falschen Freunde.
Kein sadistischer Peiniger.
Es wird keine spektakulären Racheakte geben, keine unerwarteten Wendungen, keinen einzigen Unschuldigen, der befreit werden will, nicht ein verzweifeltes Anliegen, das es vor skeptischen Geschworenen zu verteidigen gilt, keinen Mörder, der unter einer Reihe Verdächtiger entdeckt werden muß, und es wird auch keinen vergrabenen Schatz geben, der gefunden werden muß, bevor die Zeitbombe, die an die Schaltuhr der Mikrowelle gekoppelt ist, hochgeht.
Du wirst dich damit abfinden müssen.
Es wird keines von diesen packenden Liebesdramen geben, die, je nach der persönlichen Laune des Autors und seinen Zwistigkeiten mit seiner letzten Muse, gut oder schlecht ausgehen.
Es wird auch nicht diese langen, überladenen Sätze geben, die zwar sehr dekorativ sind, deren Sinn man aber kaum ausmachen kann.
Kleine, kurze Sätze werden dir die Information als solche übermitteln.
So, zum Beispiel.

Oder so.
Ich kann es sogar noch knapper ausdrücken, schau:
So.
Und jedesmal wird eine neue Zeile begonnen.
Lies mich wie eine Erzählung.
So werde ich deinen Augen am schmeichelhaftesten sein.
Sicher, ich weiß, daß ich nur ein Gegenstand bin.
Dennoch darfst du mich nicht unterschätzen.
Manchmal können die Gegenstände den Wesen, die mit einem Bewußtsein ausgestattet sind, zu Hilfe kommen.
Manchmal leben die Gegenstände.
Ich bin dein Buch, UND ich lebe.
Ich bestehe nur aus dünnen Schichten Zellulose, die aus den norwegischen Wäldern kommt.
Diese Worte sind nur Zeichen, gemalt mit chinesischer Tinte, die aus ein paar unglücklichen asiatischen Kraken gewonnen wurde.
Und dennoch, die Art und Weise, in der sie angeordnet sind, um Sätze zu bilden, und die Art, in der diese Sätze in deinen Ohren klingen können, verleihen ihnen die Fähigkeit, von diesem Moment an nicht nur deine Wahrnehmung zu verändern,

sondern auch dich und damit die Welt zu verändern.
Ich schlage dir vor, mich von jetzt an nicht mehr als eine lange Abfolge von Wörtern und Kommata wahrzunehmen, sondern als eine Stimme.
Höre auf die Stimme des Buches.
Höre auf meine Stimme.
Guten Tag.
Je nachdem, wie du mir begegnest, kann ich ein Nichts sein.
Lediglich ein Stück Pappe und Papier, praktisch, um die Schränke damit zu verkeilen.
Ich kann viel sein, wenn du es wünschst.
Etwas, das du jederzeit zu Rate ziehen kannst, wo auch immer du bist.
Etwas, das dich niemals allein oder in einer Notsituation ohne Hilfe lassen wird.
Ein Freund aus Papier.
Es liegt an dir zu wählen, was du aus mir machst.
Wenn ich dir einen Rat geben darf: Zieh deinen Nutzen aus mir, verfüge über mich.
Mein einziger Wunsch ist, dir Gutes zu tun.
Wenn du aber nicht in der Lage bist, meine Dienste anzunehmen,
dann mach dir keine Sorgen,

selbst wenn du mir überhaupt keine Bedeutung
beimißt,
selbst wenn du mich zerreißt, mich verbrennst,
mich ertränkst,
selbst wenn du mich in einer Bibliothek vergißt,
ich habe die Gabe der Allgegenwart; anderswo
wird mich jemand zu schätzen und meine
Großzügigkeit zu nutzen wissen.
Sicher, die Tatsache, daß du mich gekauft hast,
verschafft dir gewisse Rechte.
Die Tatsache, daß ich im Umfeld von Tausenden
anderer Leute, weder durch Raum noch Zeit
begrenzt, existiere, verleiht mir Mächte, die du
nicht einmal ermessen kannst.
Ich bin dein ergebener und übermächtiger Gefährte.
Willst du diese Reise, von der ich dir erzählt habe?

DEIN VERTRAG

Wenn du mit mir fortfahren willst, werden wir
einen Vertrag schließen müssen.
Du erwartest von mir, daß ich dich zum Träumen
bringe.

Ich erwarte von dir, daß du dich vollständig gehenläßt und daß du für einen Moment deine Alltagssorgen beiseite schiebst.
Wenn du dazu nicht bereit bist, ist es besser, wir trennen uns gleich.
Wenn du dich reif fühlst, diesen Vertrag zu besiegeln, dann mußt du eine bestimmte Geste ausführen.
Eine ganz kleine Geste, die nach nichts aussieht, die für mich aber den Wert eines Versprechens hat.
Du wirst die Seite umblättern, wenn du den folgenden Satz gelesen hast: *Nun ..., wagst du es?*
Wenn du diese Handlung vollziehst, betrachte ich den Vertrag als besiegelt.
Sag nur dann zu, wenn du den starken Wunsch verspürst, daß sich zwischen uns etwas ereignen möge.
Was danach geschehen wird, hängt nur von dir ab.
Ich werde dir eine Odyssee anbieten, aber du allein kannst ihr zur Existenz verhelfen.
Dein Wille, dir eine Freude zu machen, wird ihre treibende Kraft sein.
Deine Vorstellungskraft wird die Szenerien, die meine Worte suggerieren, ausbauen.

Deine Fähigkeit, die anderen zu verstehen, wird die Charaktere der Figuren erschaffen.
Ich bin lediglich ein Gehilfe.
Ein winzig kleiner Führer auf der Reise.
Wenn du die Seite umblätterst, wagen wir gemeinsam das Unterfangen.
Nun…, wagst du es?

Danke für dein Vertrauen.
Gut.
Zunächst müssen wir dich auf deine Reise vorbereiten.
Du brauchst weder Koffer, Ausweis, Sonnenbrille, Sonnencreme noch Badehose, sondern wie beim Start eines Flugzeuges mußt du folgendes auswählen: eine freie Piste und einen günstigen Augenblick.

DEIN STARTPLATZ

Der Ort, an dem du mich lesen wirst, ist ein Ort der Ruhe.
Dieser Ort muß voller guter Schwingungen sein.
Vielleicht ist es deine Wohnung, ein Café, eine Bibliothek, dein Arbeitsplatz, dein Ferienort.
Oder aber ein U-Bahn-Abteil, ein Bus, ein Zug, ein Flugzeug oder ein Schiff.
Dieser Platz muß ausreichend beleuchtet, ausreichend belüftet und leise genug sein, damit du ihn vergißt.
Kommen wir nun zur Sitzgelegenheit.

DEINE SITZGELEGENHEIT

Du mußt einen bequemen Sessel finden, in dem kein einziger Muskel eingezwängt und kein Gelenk verrenkt ist, in dem es in deinem Körper nicht mehr die kleinste Spannung gibt.
Eine Hängematte wäre ideal, oder ein gepolstertes Sofa, in das du dich hineinkuscheln kannst.
Oder die weiche Unterlage eines frischgemähten Rasens.
Oder ein warmes Bett.
Sollte letzteres der Fall sein, dann paß gut auf, daß deine Füße vollständig zugedeckt sind.
Kein Luftzug an den Zehen.
Falls dein Bettgenosse oder deine Bettgenossin versuchen sollte, die eiskalten Füße an deiner Haut zu wärmen: Lehne es energisch ab.
Falls er (oder sie) nicht Folge leistet, dann bestehe darauf, drohe ihm (oder ihr), sei standhaft, erwähne seine (oder ihre) Eltern, die dich am Wochenende langweilen, die ungerecht verteilten Plackereien im Haushalt, die offengelassene Zahnpastatube und seinen (oder ihren) Kram, der überall herumliegt.

Ich bin nicht dazu da, in eure Zweisamkeit Zwietracht zu säen, aber ich finde, daß du dich nicht zu sehr beherrschen lassen darfst.
Du hast ein Recht auf eine Stunde Ruhe, und sei es nur für ein einziges Mal in deinem Leben.
Eine Stunde, während der niemand mit einer Bitte zu dir kommt, dir niemand mit irgend etwas droht, niemand deine Gedanken mit seinen Sorgen stört.
Eine Stunde der Ruhe.
Um mich zu lesen.
Pst!
Ich bin ein Buch, aber ich bin auch eine Geliebte oder ein exklusiver Liebhaber während der Momente, in denen wir verschmelzen.
Nachdem du mich gelesen hast, tust du, was du willst, doch wenn du bei mir bist, verlange ich deine Aufmerksamkeit.
Sei hellwach.
Solltest du nicht genügend Mut haben, um der Begleitung deiner Nächte oder den Griesgramen, an die du dich wohl oder übel gewöhnt hast, die Stirn zu bieten – das ist nicht schlimm, klapp mich zu,

es ist noch nicht zu spät,
ich entbinde dich von deinem Vertrag.
Es gibt haufenweise andere Bücher, die nichts von dir verlangen und sich auch in den unbequemsten Lagen lesen lassen.
Es gibt sogar Bücher, die dir nur eine einzige Sache abverlangen: gekauft zu werden.
Nicht gelesen, nur gekauft zu werden.
Wenn du mit deiner Lektüre bis hierhin fortgefahren bist, dann ist es Zeit, dich von deinen letzten Fesseln zu befreien.

LÖSE DICH VON DEINEN FESSELN

Zieh zuallererst deine Schuhe aus, dann leg deinen Gürtel, deine Uhr, deine Ringe, deinen Schmuck und alles, was auf der Haut liegt, ab.
Kratzen dich deine Ohrringe?
Nimm sie ab.
Ist dein Piercing entzündet?
Nimm es raus.
Gibt es Mücken?
Benutze ein Moskitonetz.

Ist dir warm, ist dir kalt?

Reguliere die Temperatur so, daß sie dir möglichst angenehm ist, und fahre mit der Lektüre erst fort, wenn du dich wohl fühlst.

Leg den Telefonhörer neben das Telefon, und stell die Türklingel ab.

Mach den Fernseher aus.

Vergiß die Nachrichten, sie sind zu deprimierend.

Warte, bis die Kinder im Bett sind.

Räum ihre Spielsachen auf, die im Wohnzimmer herumliegen, es macht einen unordentlichen Eindruck.

Räum den Tisch ab.

Staple das schmutzige Geschirr in der Spüle.

Spuck deinen Kaugummi aus.

Drück deine Zigarette aus, und leere den Aschenbecher, damit du nicht dem Geruch des kalten Tabaks ausgesetzt bist.

Selbst Musik brauchst du nicht.

Du wirst sehen, ich schaffe Musik in deinem Kopf.

Ich bin mächtig genug, um all deine Sinne zu beschäftigen.

Einfach so, allein durch die grandiose Macht der Worte.

Würdige diese kurze Zeit der Ruhe, die du dir verschafft hast.
Entspann dich noch mehr.
Du mußt wissen, daß wir jedesmal, wenn du eine Seite umblättern wirst, eine weitere Etappe wagen werden, damit du noch entspannter und trotzdem bewußter wirst.
Schluck einmal, blinzle,
atme tief durch, es geht los.

DEIN KÖRPER KOMMT ZUR RUHE

So.
Denke an deinen Körper.
Denke wenigstens einmal in deinem Leben an deinen Körper.
Spüre, wie dein Atem leichter wird, gleich einer Welle, die dich vor- und zurückwiegt.
Wenn es vorwärts geht, atmest du ein.
Wenn es rückwärts geht, atmest du aus.
Stell dir beim Einatmen das Blut vor, das aus deinen Gliedmaßen strömt, das in winzigen

Blutgefäßen hinauffließt, durch die Adern, bis zu deinem Herzen.

Tausende roter Bäche, die zu kleinen, wogenden Flüssen werden.

Dein Herz saugt sie auf.

Die Wirkung einer Pumpe.

Es pulsiert.

Spüre beim Ausatmen dein Herz, das das Blut zu den Lungen pumpt.

Der ganze Streß und das Kohlendioxid verlassen dich über deinen Atem.

Es weicht von dir.

Atme ein.

Atme aus.

Reinige dein Blut.

Tränke es mit sauberer Luft.

Tränke es mit Energie.

Atme ein.

Atme aus.

Dein Körper ist nur noch diese leichte, langsame Welle, die dich sanft wiegt.

Nach vorn.

Und zurück.

Dein Kiefer entkrampft sich.

Deine Lider schließen sich seltener.
Du entspannst dich noch ein bißchen mehr.
Nun, da du zur Ruhe gekommen bist, wirst du diesen Moment der völligen Entspannung nutzen, um davonzufliegen.

DEIN ABFLUG

Stell dir einen Lichtstrahl vor, der von deinem Bauchnabel ausgeht.
Spüre diesen Energiestrahl, der deinen Bauch wärmt und bis zur Decke hochsteigt.
Laß dich von meiner Stimme führen.
Hier, ich bin hier, neben dir, und ich verlasse dich nicht.
Es ist alles in Ordnung.
Laß es zu, daß sich dein Geist von deinem Körper löst.
Wie ein Schmetterling, der sich von seiner Kokonhülle befreit.
Stell es dir vor, das genügt schon.
Du brauchst keine Angst zu haben, es handelt sich

nicht um einen wirklichen Abflug, sondern nur um einen Ausflug des Geistes.
Was auch immer passieren mag, du bleibst »der Herr dieses Buches«
und somit Herr über alles, was geschehen kann.
Über absolut alles.
Wenn es zu Ende sein wird, wirst du dich an jeden Moment erinnern.
Diese Reise ist in keinster Weise gefährlich.
Wir sind einfach zwei Freunde, die unterwegs sind.
Folgst du mir?
Dann komm, mein Leser.
Spüre, wie dein Geist sich von deinem Körper befreit.
Betrachte dich von außen.
Schau dir den Typen an, der ein Buch liest:
Das bist du.
Und der andere, der ihn anschaut:
Das bist auch du.
Darin besteht die wahre Losgelöstheit.
Wenn man sich von außen wahrnimmt.
Löse dich völlig von dem, der liest.
Werde zu einem leichten, transparenten, unkörperlichen Geist.

Komm.
Halte dich an dem Lichtstrahl fest, der von deinem
Bauch ausgeht.
Er wird unser Fahrstuhl sein.
Du steigst entlang des Strahles empor.
Sehr gut.
Siehst du, es ist gar nicht so schwierig.
Dein Geist ist so mächtig, daß er sehr viel mehr
Dinge kann,
als du gedacht hattest.
He, steig weiter nach oben, während wir reden,
halt nicht an!
Betrachte ganz unten den »du«, der gerade liest,
du siehst, er läßt sich durch deinen
Ausflug im Geiste nicht stören.
Er liest.
Und du fliegst.
Sehr gut.
Heben wir ab.
Sollte eine Decke dir den Weg versperren, hab
keine Angst.
Dein Geist wird sie mühelos überwinden.
Ebenso wie die Wohnung deines Nachbarn über
dir, und auch seinen Körper, seinen Hund, seine

Frau, seinen Kühlschrank, seine Decke, deine anderen Nachbarn und den Dachboden.
Wir steigen noch weiter nach oben.
Schon sind wir auf dem Dach.
Dafür, daß dies dein erster Flug ist, stellst du dich recht geschickt an.
Siehst du, dein Geist kann alles.
Das Problem ist, daß du ihn im allgemeinen nicht ausreichend benutzt.
Doch ich werde dir helfen, einige seiner erstaunlichsten Fähigkeiten kennenzulernen.
Du fragst mich, warum du deinen Geist nicht ausreichend benutzt?
Unter uns, ich denke, daß du dich unterschätzt.
Du hältst dich tatsächlich für durchschnittlich.
Es ist eine Frage des Selbstvertrauens.
Vielleicht hat sich vor mir niemand darum gekümmert, das, was bei dir am interessantesten ist, zur Geltung zu bringen.
Ich glaube, daß ihr Menschen alle ein bißchen eifersüchtig aufeinander seid, und deshalb sporn ihr euch gegenseitig nicht dazu an, eure besten Seiten zu zeigen.
Vielmehr handelt ihr nach dem Motto:

»Jeder ist sich selbst der Nächste.«
Übrigens, wir sind nun schon ziemlich hoch.
Betrachte dein Haus ganz da unten, der Ort, an dem du mich gerade liest.
Seltsamer Eindruck, was?
Sende von hier oben eine wohltuende Schwingung zu deinem stofflichen Körper.
Sag deinem Körper, daß du nicht lange wegbleiben wirst, daß du bald zurückkommst, sag ihm, daß er ruhig weiteratmen soll.
Nur ein kleiner Spaziergang, etwa eine Stunde lang.
Erledigt?
Gut, das ist nicht alles, aber wir steigen erst mal weiter nach oben.

Die Welt der Luft

DEINE REISE IM HIMMEL

Um uns herum ist alles hellblau und weiß.
Du hörst eine Musik mit einem Akkord auf C.
Die Instrumente sind größtenteils Blasinstrumente.
Orgeln, Flöten, Hörner. Es erinnert ein wenig an Bach.
Durch das Hochsteigen sind wir nun sehr weit oben im Himmel.
So, wir sind hoch genug.
Du kannst deinen Lichtstrahl loslassen.
Laß los, du wirst nicht hinunterfallen.
Ich habe es dir schon gesagt, es ist nur dein Geist, der reist.
Niemand wird Schaden nehmen.
Was? Du willst Flügel?
Wenn du dich dann sicherer fühlst!
Schau nach links und nach rechts, auf deinen Schultern, ja, diese langen, geschmeidigen Dinger sind Flügel.

Das ist sehr praktisch.
Na los, beweg sie schnell auf und ab, dadurch hältst du die Höhe.
Hm ... für dich sind diese Flügel zu klein.
Ich werde dich folglich ein wenig verändern.
Mal schauen, breite deine Flügel aus, ich werde es nach Maß machen.
Ich verwandle dich in einen durchsichtigen Adler.
Tss ... Das reicht nicht.
Was soll's, ich will nicht knausern: Hopp! Ich verwandle dich in einen durchsichtigen Albatros.
Diesmal müßte es klappen.
So siehst du gut aus.
Dieser Körper ist vielleicht schwerer und weniger wendig als der eines Adlers, aber er wird dir erlauben, lange Gleitflüge zu machen und höher in den Himmel aufzusteigen.
So, nun flieg.
Genieße es, kraft des Geistes für einen Augenblick nichts als ein Vogel zu sein.
Spüre deine Flügel.
Spüre deine Spannweite.
Spüre die Liebkosungen des Windes auf deinen geschmeidigen Schwungfedern.

Vor deinem Gesicht durchschneidet dein durchscheinender, harter und aerodynamischer Schnabel den azurblauen Himmel.
Spüre die kühle Luft auf der Wölbung deines glatten Bauches.
Du mußt zugeben, daß das die Reise wert war...
Los, steig höher in den Himmel hinauf.
Was für ein Gefühl der Freiheit, oder?
Genieße die Stille der Höhe.
Alle Vögel fliegen wie du lautlos.
Es gibt keinen Motor, der brummt und vibriert, kein Segeltuch, das im Wind schlägt.
Es genügt, deine hinteren Gliedmaßen auszustrecken.
Verlagere einen Teil deines Gewichtes auf den linken Flügel.
Hast du gesehen? Du schwenkst automatisch zur Seite!
Verlagere einen Teil deines Gewichtes auf den rechten Flügel.
Nette Abwechslung.
Du kannst alle akrobatischen Flugfiguren ausführen, die du möchtest, es besteht absolut kein Risiko, daß du abstürzt.

Na also. Nicht schlecht.
Mir scheint, du fühlst dich in deiner Haut als Albatros langsam wohl.
Ich bin ziemlich beeindruckt.
Ich dachte, daß es länger dauern würde, bis du dich daran gewöhnst.
Ja, natürlich, ich weiß, daß man verkehrt herum fliegen kann.
Ja, auch mit dem Kopf nach unten.
Pff... Fliegt zum erstenmal im Himmel und glaubt, alles zu erfinden...
Verlagere dein Gewicht etwas nach vorne.
Hast du gesehen? Du fliegst im Sturzflug.
Und nach hinten? Ein Looping.
Richte den Hals wieder auf, um deine Schleife zu vollenden.
Arbeite deine Flugbahn sorgfältig aus.
Versuche, schön zu sein, wenn du fliegst.
Nun komm, wir werden damit beginnen, über die Wolken zu steigen.
Du bist über den Wolken.
Siehst du?
Die Wolken sind großartig, sie bilden einen Teppich aus Watte.

Du kannst deine Füße hineinbaumeln lassen.
Vor dir siehst du die glutrote Sonne, die auf den Wolken ruht gleich einer riesigen Wassermelone auf einem endlos langen Tisch.
Es ist ein schöner Anblick von hier, oder?
Die Wolken, du hattest es nie bemerkt, haben ihre eigene Sprache.
Eine Sprache der Formen in Bewegung.
Eine ewige Suche nach der idealen Form.
Die Wolken.
Die orangeroten Strahlen der untergehenden Sonne spiegeln sich in den durchsichtigen Daunen deines Gesichtes und in den Federn deiner langen Flügel.
Weit unten hat der Wind mit dem Wolkenteppich gespielt und einen Riß darin hinterlassen.
Da hindurch siehst du deine winzige Stadt, und du grüßt sie.
Auf, weiter geht's.
Wir fliegen auf die Sonne zu, bevor sie ganz untergeht.
Westlicher Kurs.
Besuchen wir den Planeten.
Besuchen wir »deinen« Planeten.

Du ziehst deine durchsichtigen Flügel ein.
Steiler Sturzflug. Unten angekommen, nimmst du
wieder deine Gleichgewichtslage ein und
stabilisierst dich.
Wir fliegen über den Ozean,
eine schwarze, grüne und marineblaue Fläche.
Hast du diese Inseln gesehen? Gehen wir näher
ran. Es sind Wale.
Eine Gruppe weißer Wale.
Einer von ihnen stößt eine Wasserfontäne aus.
Ich weiß nicht, ob sie uns entdeckt haben.
Möglich ist es.
Weißt du, Wale sind sehr feinfühlig, sie können
unsere Anwesenheit intuitiv wahrnehmen.
Da, hör, wie sie singen.
Ich denke schon, daß sie uns spüren.
Sie tauchen unter.
Achtung, das Wetter wird schlechter, ein Gewitter
zieht auf.
Die Wolken werden anthrazitfarben.
Von einem Moment zum anderen wird der ruhige
Ozean stürmisch.

Hab keine Angst, es ist lediglich Luft und Wasser in Bewegung.
Wassersäulen heben sich und lassen dann Schaumkronen herabfallen.
Mit dieser dunklen Himmelsfärbung und diesem goldbraunen Widerschein sieht der Ozean ganz verändert aus.
Und hast du den kleinen Punkt dort gesehen?
Das ist ein Segelboot, das vom Sturm geschüttelt wird.
Ich brauche dir wohl nicht zu sagen, wie krank die Segler im Innern sein werden.
Und dabei hatten sie von einer schönen Reise geträumt!
Gut, wir brauchen uns nicht über sie lustig zu machen.
Sie wissen nicht, daß man auch so reisen kann, allein durch die Kraft des Geistes.
Komm, wir statten ihnen einen Besuch ab.
Hörst du, sie streiten sich.
Das ist ziemlich normal.
Sobald ihr Menschen auf zu engem Raum zusammenkommt, endet es immer damit, daß ihr euch prügelt.

Nein, ich kritisiere nicht, ich stelle fest.
Bei einem Zusammentreffen großer klassischer Bücher gewinnt man den Eindruck, daß bestimmte Romane die Möglichkeit in Betracht gezogen haben, daß ihr keine Herdentiere seid, sondern vielmehr Einzelgänger, die sich zum Zusammenleben zwingen.
Ich mag die großen klassischen Werke nicht besonders, sie sind zu institutionell, zu sehr von sich eingenommen, aber ich muß gestehen, daß sie manchmal geniale Gedanken haben.
So oder so werde ich als Teil der »unbedeutenden Bücher am Rande ohne Sitz und Stimme im Kapitel« nicht zu den Versammlungen der Klassiker eingeladen.
Wenn ich jedoch an ihren Gesprächsrunden hätte teilnehmen können, dann hätte ich ihnen gesagt, daß die Menschen meiner Meinung nach vielmehr im Begriff der Sozialisierung sind.
Eines Tages wird es euch gelingen, miteinander klarzukommen.
Davon bin ich überzeugt. Ganz versteckt in euch habt ihr etwas... wie soll ich es sagen... etwas sehr Nettes.

Ich habe erst neulich mit einem Kochbuch (das ebenfalls niemals ein Klassiker werden wird) darüber diskutiert, und es hat mir gesagt, daß ihr bei den kleinen Dingen, wie der Zubereitung eines Pflaumenkuchens (jedes Buch hat seine eigenen Vorlieben), zur Zusammenarbeit in der Lage seid.
Auf, entfernen wir uns vom Gewitter.
Wir haben eine erste wichtige Verabredung.
Wir befinden uns gerade über einer Insel mit einer vielgestaltigen Oberfläche.
Hohe Gebirge zwingen uns höherzusteigen.
Diese heißen und rauchenden Berge strahlen eine Energie aus, die du nun zuordnen kannst.
Vulkane.
Über ihre rötliche und heiße Lava nimmst du das Blut des Planeten Erde wahr.
Gaia.
Dein Planet ist lebendig, und sein Blut aus Lava ist kochendheiß.
Du kannst dich einem der Vulkane nähern.
Er ist riesig, er sieht wie ein Mund aus.
Die Erde spricht zu dir.
Sie sendet einen ununterbrochenen tiefen Ton aus, den du nicht verstehst.

Der Ton ist so schwer und subtil, daß dir nur deine
Unfähigkeit, ihn zu fassen, bewußt wird.
Diese erste Begegnung mit deinem Planeten ist
mißlungen,
aber was hast du erwartet?
Daß du gleich beim ersten Zusammentreffen alles
verstehst?
Nun grüße den Vulkan, und setze deinen Flug fort.
Fliegen wir zum Festland.
Dort, ein Hafen, eine riesige moderne Stadt.
Überfliegen wir sie.
Die rechtwinkligen Gebäude bilden unzerstörbare
Monolithe.
Herden fieberhafter Autos rasen umher, halten an
den roten Ampeln und rasen danach weiter.
Scharen ruheloser Fußgänger strömen daher,
halten an den grünen Ampeln und gehen danach
weiter.
Auf den Straßen kommen sie sich in die Quere.
Sie rempeln sich an, streifen sich, können sich
gerade noch ausweichen.
Von hier oben wirkt das wie ein mörderisches
Netz.
Auch die Städte sind lebendig.

Sie schwitzen aus all ihren Poren Benzindämpfe aus.
In den oberen Stockwerken siehst du Müßiggänger, die sich, eine Tasse Kaffee in der Hand, aus den Fenstern lehnen und wie du auf die Straße blicken.
Pärchen umarmen sich in den Parks.
Kinder spielen und schreien.
Jogger laufen ihre Runden.
In den Vororten spucken riesige Fabriken im Takt Tonnen standardisierter Lebensmittel aus, die man auf Lastwagen lädt.
In den Wohnvierteln schlucken die Leute Beruhigungsmittel, um durchzuhalten.
Andere verharren mit starrem Blick vor dem Fernseher.
Dies ist deine Welt.
An einer Straßenecke spritzt sich ein Mädchen gerade Heroin.
Fliegen wir hinunter.
Schau dir ihr Gesicht an, dieses Mädchen ist völlig am Ende.
Im Grunde versucht sie ... das gleiche wie du zu tun.

Mit ihrem Geist ihren Körper zu verlassen, um davonzufliegen.
Doch sie hat sich in der Methode vertan.
Sie glaubt, daß das Gift in ihrem Blut diese angenehme Trennung von Seele und Körper bewirken werde.
Schau, ihr Geist gleicht einer Möwe, die ölverschmiert ist.
Sie kann weder davonfliegen
noch ihre Flügel ausbreiten.
Sprich mit ihr.
Sag ihr, daß man keine chemischen Produkte braucht.
Sag ihr, daß es einfach genügt, es zu wollen, um abheben zu können.
Wie, warum ich darüber nicht selbst mit ihr spreche?
Na, weil ich nur ein Buch bin.
Ich kann nur bei denjenigen etwas bewirken, die mich lesen.
Dieses Mädchen würde niemals auf die Idee kommen, daß es möglich ist, in einem Buch Trost zu finden.
Ich habe es dir schon einmal gesagt, ich kann nur denen helfen, die Hilfe wollen.

Sieh sie dir an, sie hat keine Lust, davon
loszukommen, sie möchte einfach nur fliehen.
Komm, setzen wir unseren Weg fort.
Die dritte Begegnung findet in einem heißen Land
statt.
Du befindest dich in einer Sandwüste.
Die beinahe regungslosen Dünen erinnern dich an
ein großes weißes Tuch, das auf einem
versteinerten Ozean ausgebreitet wurde.
Auch die Wüste ist schön.
Aufkommender Wind.
Wüstenrosen.
Goldene Dünen.
Du gelangst zu einer Stadt aus weißen Häusern.
Da, es gibt eine Prozession.
Es ist eine seltsame Zeremonie.
Leute stoßen Verwünschungen aus.
Sie zücken Waffen.
Sie sagen, daß man nur ein einziges Buch und kein
anderes lesen darf.
Daß man nicht denken
und keine Musik hören darf.
Daß die Frauen verschleiert sein müssen
und daß die Mädchen

nicht in die Schule gehen dürfen.
Sie verbrennen Fahnen.
Dann lassen sie eine Prozession durch von Leuten mit nacktem Oberkörper, die sich mit Riemen, die mit Nägeln gespickt sind, geißeln.
Sie glauben, wenn sie ihr Fleisch quälen, werde es ihrem Geist so schlechtgehen, daß er von selbst ihren Körper verlassen wird.
Schau, sie sind ganz blutverschmiert, und sie leiern weiter ihre Gebete runter.
Sag auch ihnen, daß man fliegen kann, ohne sich zu quälen.
Sag ihnen, daß es genügt, daran zu denken.
Ich sehe es nicht gerne, wenn einem anderen oder einem selbst Schmerz zugefügt wird.
Komm, gehen wir.
Ich will dir auch noch andere Dinge zeigen.
Nun befinden wir uns in einem Forschungszentrum für Spitzentechnologie.
Lässige junge Ingenieure in dicken Pullovern, mit dickglasigen Brillen und Schuhen mit Kreppsohlen sind hier gerade dabei, virtuelle Truppen zusammenzustellen, die über Computer vernetzt sind.

Es ist ein Flugsimulator für Kampfflieger.
Mittels ausgeklügelter Computerprogramme hat man den Eindruck, durch künstliche, buntscheckige Landschaften zu fliegen, die mit großer Geschwindigkeit vorüberziehen.
Feindliche Flugzeuge tauchen auf, und man muß sie zerstören.
Dann explodieren sie im Dolbystereoton.
Dies ist kein militärisches Zentrum, sondern eine Spielzeugfabrik.
Kinder testen Programme.
Sieh sie dir an, wie sie sich an den Abschußknopf ihres Joysticks klammern.
Sie schwitzen und sind völlig überdreht.
Auch sie beunruhigen mich.
Alle Dinge, die dieselbe Sache wie ich anbieten, beunruhigen mich.
Nein, das zeugt nicht von Besitzanspruch meinerseits.
Ich bin mir lediglich bewußt, daß mein Geschenk derart sagenhaft ist,
daß viele es kopieren wollen.
Drogen. Religion. Die Kopplung der Sinne an einen Computer.

Drei sehr hohe Preise fürs Abheben, oder?
Du fragst mich, ob man sich vor allen anderen »Reisevermittlern« in acht nehmen muß?
Ich bin geneigt, dir mit ja zu antworten.
Trotzdem muß ich ehrlicherweise sagen, daß man auch nicht alle in eine Schublade stecken kann.
Komm, ich werde dir etwas anderes zeigen.
Hier befinden wir uns nun über einem Reservat der Navajoindianer.
Siehst du, was ihr Schamane tut?
Er sucht drogenhaltige Pflanzen, raucht sie, und sein Geist fliegt davon.
Schau, indem der Geist des Schamanen davonfliegt, verwandelt er sich in einen fliegenden Coyoten.
Eine derartige Leistung fordert viel Erfahrung.
Seit Jahrtausenden geben die Schamanen der Navajoindianer diese Geheimnisse untereinander weiter.
Weißt du, warum sie das tun?
Nein, nicht um zu fliehen.
Im Gegenteil, um ihrer Gruppe dienlich zu sein.
Der Schamane ist weder ein Zauberer noch ein Häuptling oder ein Arzt.

Die Navajoindianer glauben, daß alle Probleme des Stammes und der einzelnen Menschen von einer Disharmonie mit der Umwelt herrühren.
Deshalb verwandeln sich die Schamanen in Tiere, um das Anliegen der Menschen gegenüber den Elementen zu vertreten.
Der Geist des Schamanen kommt auf dich zu und wirkt beeindruckt.
Er fragt dich, wie du das erreichst.
Sag ihm die Wahrheit.
Sag ihm, daß du keine Drogen benötigst.
Sag ihm, daß ich, »Das Buch der Reise«, deine Droge bin und daß ich dir genüge.
Der fliegende Coyote schüttelt den Kopf.
»Aber die Bücher sind nicht mächtig genug!« sagt er.
Sag ihm, doch, sie sind es.
Sag ihm, daß die Bücher die Macht besitzen, die ihre Leser ihnen einräumen, und daß diese Macht unendlich groß sein kann.
Er sagt dir, daß er nicht gewußt habe, daß es so einfach sein kann.
Er habe lange gelernt, er habe lange geübt, bis sein Gehirn und sein Körper in der Lage waren, den

Rauch der Gräser als Auslöser für den Abflug zu nutzen.
Er sagt dir, daß er versuche, sowenig wie möglich davon zu rauchen, daß es ihm aber ohne die Kräuter nicht gelinge.
Er sagt dir, daß er es bedaure,
nicht wie die großen Schamanen von einst in der Lage zu sein, ohne Drogen, nur durch beschwörende Gesänge davonzufliegen, daß die Macht der Schamanen aber kleiner geworden sei und er dieses Hilfsmittel brauche.
Siehst du? Ich hatte es dir gesagt.
Tja, ich, »Das Buch der Reise«, verhindere nicht nur, daß du dich vergiftest, sondern ich mache es möglich, und zwar ohne Initiation, daß dir gelingt, was sonst nur die größten Schamanen schaffen.
Nein, bedanke dich nicht bei mir, das ist ganz selbstverständlich.
So lautet unser Vertrag.
Und außerdem macht das Gelingen deines Fluges auch meinen Stolz als Buch aus.
Es ist auch schön für mich zu wissen,
daß ich als Gegenstand die Macht habe,
auf wirklich lebendige Wesen Einfluß auszuüben.

Wir anderen, Wesen aus Papier, fühlen uns manchmal so wertlos.
Beeil dich, ich werde dir etwas anderes zeigen.
Nun befinden wir uns in Tibet.
Das Dach der Welt.
Du siehst Lhasa, die Stadt der Lamas.
Hier benutzen Mönche lange Trompeten.
Sie erzeugen Töne, die die Luft in der näheren Umgebung vibrieren lassen.
Es sind dunkle Vibrationen.
Sie erinnern dich an die Stimme der Erde.
Eine Gruppe von Lamas meditiert in riesigen Sälen.
Du hast niemals so viele Menschen, deren Geist gemeinsam davonfliegt, gesehen!
Ein wahrer Flug durchsichtiger Stare.
Über der Stadt bilden sie Kreise.
Man sieht, daß sie das Davonfliegen seit langer Zeit perfekt beherrschen.
Ohne Drogen machen sich ihre Geister gruppenweise zu kurzen Briefings oberhalb der Wolken auf.
Sieh sie dir an. Sieh ihre Geister.
Sie haben nicht das Gefühl, in irgendeiner Weise etwas Außergewöhnliches zu tun.

Für sie ist das Routine.
Ihre Geister sehen dich, sie grüßen dich, und du grüßt zurück.
Du fliegst in die Straßen der heiligen Stadt hinab.
Chinesische Soldaten patrouillieren in den Straßen von Lhasa und verhaften Lamas.
Sag, warum tun sie das?
Was sagst du?
Das ist Politik?
Für mich ist das Neid.
Leute, die in ihren Köpfen so frei sind, machen beschränktere Wesen nervös.
Das ist meine Meinung als Buch, du mußt sie nicht teilen.
Weiter hinten versuchen westliche Touristen, den Geist der tibetischen Lamas zu verstehen.
Sie fragen sie, was während der Meditation geschieht.
Die Lamas lachen freundlich.
Wie können sie den anderen das Davonfliegen begreiflich machen?
Das ist, wie wenn man dich, nachdem du meine Seiten zugeschlagen hast, fragen würde, was du während dieser Reise empfunden hast.

Was könntest du antworten?
Daß du in einer Art Wachtraum warst?
Daß du zugleich drinnen und draußen warst?
Daß du dich von den Sätzen des Buches hast einlullen lassen wie ein Kind, das vor dem Einschlafen eine Geschichte hört und dann von dieser Geschichte träumt?
Nein. Das trifft es nicht.
Wirklich, ich weiß nicht, wie du, abgesehen davon, daß du laut auflachst, dieses Gefühl wirst beschreiben können.
Man kann jemandem, der nur den Geschmack von Zucker kennt, nicht den Geschmack von Salz erklären.
Man muß es erleben, um es zu verstehen.
Verlassen wir Tibet.
Kehren wir in die modernen Städte zurück.
Du befindest dich nun in einer Wohnung, wo ein Informatiker in einem dicken Pullover gerade dabei ist, mit Hilfe synthetischer Bilder kunstvolle Szenerien zusammenzustellen, in denen die Leute dann einfach übers Internet umherspazieren können.
Der einzige Unterschied zu den Informatikern von

vorhin besteht darin, daß es bei seinem Programm nichts zu zerstören gibt.

Er bietet lediglich ein langsames Versinken in exotische Landschaften an.

Du bist nachdenklich.

Du verstehst nicht, warum ich dir all das zeige.

Damit du verstehst, daß diese Reise etwas ist, wonach alle Menschen seit Urzeiten suchen.

Und daß ein und dasselbe Mittel – Drogen, Religion oder Spitzentechnologie –, je nachdem, wie man es einsetzt, sich als nützlich oder unheilvoll erweisen kann.

Yin, Yang.

Weiße Magie. Schwarze Magie.

Ich bin mit meiner Funktion als »Flugführer« nicht der einzige.

Meine Besonderheit ist, daß ich nichts von dir dafür verlange.

Nur ein wenig von deiner Zeit und deiner Aufmerksamkeit.

Mir erscheint das schon viel.

Und ich bin mir bewußt, daß die Tatsache, sozusagen umsonst zu sein, suspekt erscheinen kann.

Denn ihr Menschen seid es gewohnt, für alles, was ihr an wohltuenden Dingen bekommt, teuer zu bezahlen, oder?
Immer müßt ihr bezahlen, euch opfern, leiden.
Und ich frage dich:
Warum solltest du nicht die gute Seite bekommen, ohne zu bezahlen,
einfach nur, weil du durch deine Vorstellungskraft in der Lage bist, sie dir selbst zu verschaffen?

BEGEGNUNG MIT EINEM WEISEN

Gewinnen wir wieder etwas an Höhe.
Dieses Mal gehen wir an einen Ort, den nur ich kenne.
Schau.
Dieser offene Spalt in dem felsigen Talkessel.
Es ist eine geschützte Ecke.
Aber verlieren wir keine Zeit.
Da oben, inmitten unzähliger Steine, kannst du einen Wasserfall ausmachen, einen Gebirgsbach.
Weiter.

Vor uns stürzt der Bach gleich einem kristallenen Vorhang ohrenbetäubend in die Tiefe.
Du zögerst vor dieser Mauer aus wild sprudelndem Wasser.
Aber ich rate dir dennoch weiterzugehen.
Da siehst du hinter dem Wasser des Baches einen schwachen Lichtschein.
Du durchschreitest den Wasserfall und entdeckst eine Höhle.
Du nimmst wieder deine menschliche Gestalt an und gehst auf die Lichtquelle zu.
Ganz am Ende der Höhle findest du einen Mann in einem weißen Lendenschurz, der im Lotossitz auf einem Felsen sitzt.
Er bewegt sich nicht.
Er hat sehr lange Nägel, einen mehrere Jahre alten Bart und lange, weiße Haare.
Auf seiner Stirn symbolisiert ein roter Punkt das dritte Auge.
Er ist praktisch nackt, aber ihm scheint nicht kalt zu sein.
Er muß seit sehr langer Zeit dort sitzen, denn sein Körper wirkt wie erstarrt in dieser Haltung.
Du näherst dich ihm noch mehr.

Er erwacht aus seiner Meditation.
Er öffnet langsam die Augen.
Er sieht dich, und du siehst ihn.
Du stellst ihm die Frage, die dir schon immer auf den Lippen gebrannt hat.
»Worin besteht der Sinn des Lebens?«
Er blickt dir genau in die Augen und bekommt einen ernsten Gesichtsausdruck.
Er willigt ein, dir ein wenig Aufmerksamkeit zu gewähren.
Er willigt ein, dir zu antworten.
»Das Leben ist nur eine Illusion«, sagt er schließlich.
Du denkst über seine Antwort nach.
Und du sagst zu ihm:
»Nein, tut mir leid, das Leben ist keine Illusion.«
Er runzelt die Stirn.
Du sagst ihm, daß er mehr reisen und nicht in seiner Höhle eingesperrt verharren sollte.
Draußen gibt es Menschen, die Einfluß auf die Dinge haben.
Er sieht alles durch den undurchsichtigen Vorhang des Baches,

und aus diesem Grund glaubt er, daß das Leben nur eine Illusion sei.

Du sagst ihm, daß das genauso ist, als sehe er die Welt ständig übers Fernsehen.

Er fragt dich, was Fernsehen ist.

Du erzählst ihm von den stereotypen amerikanischen Serien mit den eingespielten Lachern, von Soap-operas, von Werbespots, die dir tausendmal ihre Slogans einhämmern, von Talk-Shows, in denen jeder seine persönlichen Probleme ausbreitet.

Der Weise zeigt nach und nach mehr Interesse an dem, was du ihm erzählst, und er rückt näher an dich heran.

Du sagst ihm, daß du dich alles in allem mit deiner Unwissenheit abfindest und daß sie es ist, die dich vorwärtstreibt.

Zweifel und Neugier sind stärker als Glaube und Gelehrsamkeit.

Im übrigen sind sie es, die es dir ermöglicht haben hierherzukommen.

Du sagst ihm, daß du versuchst, offen zu sein, um alles, was du entdeckst, aufnehmen zu können.

Er wirkt verdutzt.

Er rümpft die Nase und nennt dich zu allem Ärger auch noch einen »Träumer«.
Du sagst ihm, daß du gerne ein Träumer bist.
Ein Träumer ist jemand, der noch nicht abgestumpft ist, der noch Wünsche hat und der nie aufhört, nach der Erfüllung dieser Wünsche und Träume zu streben.
Er schaut dich anders an.
In diesem Augenblick weißt du, lieber Leser, daß niemals irgend jemand besser als du die Welt und das Universum entdecken können wird.
Du, und sonst niemand.
Du brauchst keinen Weisen, du brauchst keinen professionellen Philosophen, du brauchst keinen »wohlmeinenden Ratgeber« und auch keinen von diesen Heuchlern, die mit ihrem Geist protzen, aber nur, weil sie mit ihm nicht davonzufliegen wissen.
Weder Gott noch Lehrmeister benötigst du.
Du brauchst noch nicht einmal mich, »Das Buch der Reise«, denn dein Weg ist einzigartig, und du bist der einzige, der ihn bestimmen kann.
Dem Weisen wird bewußt, daß er Durst hat, daß er Hunger hat, daß ihm kalt ist und

daß er sich langweilt so ganz allein in seiner
Höhle.
Doch du läßt ihn dort zurück.
Du fühlst dich leicht.
Du nimmst wieder die Gestalt eines durchsichtigen
Albatros' an,
und wir fliegen davon,
neuen Horizonten entgegen.

Die Welt der Erde

DEIN REICH

Unter unseren Körpern zieht die Erde vorüber.
Alles ist braun und ockerfarben, dazwischen
Landstriche mit hell- oder dunkelgrünen Wiesen.
Du hörst eine Musik mit einem Akkord auf G.
Die Instrumente sind größtenteils Percussions und
menschliche Stimmen. Ihre Zusammensetzung
erinnert an gregorianische Gesänge, die durch
afrikanisches Getrommel rhythmisiert sind. Wir
werden jetzt gemeinsam etwas sehr Wichtiges
unternehmen.
Wir gehen zu dir.
Wir werden nicht in deine Wohnung gehen, wir
gehen zu deinem wahren »Zuhause«.
Deinem geheimsten Zufluchtsort.
Dorthin, wo du immer die Möglichkeit haben wirst,
neue Kraft zu schöpfen, wenn nichts mehr geht.
Es ist ein unzerstörbarer Ort.
Der allem widersteht, selbst der Zeit.

Es ist ein Ort, der nur in deinem Geist existiert, und trotzdem gibt es keinen, der sicherer ist.
Du mußt wissen, daß du von dem Moment an, an dem du ihn entdeckt hast, leicht dorthin zurückkehren kannst, selbst wenn du noch so unkonzentriert bist.
Vorerst werde ich eine Art Grundstücksmakler sein, der gekommen ist, dir den Schlüssel auszuhändigen.
Das Besondere an diesem »deinem Zuhause« ist, daß du es mit deiner Vorstellungskraft und deiner Fähigkeit, etwas zu bauen, erschaffst.
Zunächst brauchen wir einen freien Platz.
Stell ihn dir vor, das genügt.
Es kann ein Strand sein, ein Plateau oberhalb einer Felswand, ein Hügel, ein Gebirge, eine Ebene, eine Wüste, der Mittelpunkt eines Waldes, eine Insel inmitten eines Ozeans oder eines Sees.
Such es dir aus, schnell.
Wir starten unverzüglich.
Breite deine Flügel aus, wir werden uns deine Ländereien von oben ansehen.
Schau, wir sind schon angekommen.
Hier ist dein Zuhause.

Nimm das Grundstück, die Bäume, die Felsen in Augenschein.
Dein Grundstück, deine Bäume, deine Felsen.
Deine Pflanzen, dein Gras, dein Himmel.
Auf diesem Grundstück wirst du dein Refugium bauen.

DEIN ZUFLUCHTSORT

Dein »Zufluchtsort« kann alle Formen annehmen, die du dir wünschst.
Vielleicht ist es ein gotisches Schloß.
Eine Höhle aus lehmiger Erde.
Eine Kathedrale mit bunten Glasfenstern.
Sei der Architekt deines Refugiums.
Die Mauern bestehen, je nach Belieben, aus Marmor, aus Ziegelsteinen, aus Jade, aus Gold, aus Papier, aus Glas, aus Stahl, aus Holz, aus Stroh.
Sieh, wie dein Zufluchtsort aus der Erde emporwächst, wie eine riesige Pflanze, die sich im Zeitraffer entfaltet.
Dort, wo Fundamente sind, wächst ein Boden.

Dort, wo ein Boden ist, wachsen Mauern.
Knausere nicht mit den Geldmitteln.
Dein Zuhause, das ist dein Zuhause.
Der Schönheit, der Qualität, der Extravaganz deines Refugiums sind keine Grenzen gesetzt.
Du kannst das Äußere mit Türmen, Türmchen, Wasserspeiern oder erotischen Skulpturen schmücken.
Denke bei der Innenraumdekoration an Gemälde, Lampen und andere Beleuchtungsmöglichkeiten: Fackeln oder Unmengen von Glühwürmchen.
Plündere die Museen, wenn es notwendig ist, um das *Nonplusultra* zu haben.
Erscheint dir die Decke der Sixtinischen Kapelle optimal für dein Wohnzimmer?
Nimm sie.
In deinem Billardzimmer würden sich ein paar Dalís wunderbar machen.
Ebenso einige Ölgemälde von Leonardo da Vinci in der Eingangshalle. Und warum nicht Hieronymus Bosch für die Badezimmer?
Los, nimm sie.
Geh nun nach draußen.
Umkreise dein Refugium aus der Vogelschau.

Sieh dir jedes Detail genau an.
Mensch, endlich hast du ein Zuhause!

BEI DIR ZU HAUSE

Schau von außen durch die Fenster, wie die Zimmer wirken.
Du kannst deinen Zufluchtsort noch verbessern.
Hast du niemals davon geträumt, ein Einhorn in deinem Garten zu haben?
Eine Armee von fünfzehn Zentimeter großen Heinzelmännchen, die ausschließlich damit beschäftigt sind, dir als Leibwächter zu dienen?
Richte dir eine bewaldete Ecke ein, damit dir die Elfen abends diskret einen Besuch abstatten.
Die Sirenen wären nicht schlecht in deinem olympischen Schwimmbad, aber denke daran, ihnen eine Unterwasserhöhle einzurichten, damit sie sich verstecken können.
Du weißt, wie die Sirenen sind.
Es gibt nichts Schüchterneres …
Baue einen riesigen Taubenschlag, damit die Engel dich häufiger besuchen kommen.

So, in Ordnung. Räum alles weg, wovon du glaubst, daß es die Stimmung drückt.
Wenn du in dein Refugium kommen wirst, mußt du immer den Eindruck haben, in einem gemütlichen Nest zu sein, wo du dich nie langweilen wirst.
Ist dein Zufluchtsort perfekt? Nichts mehr zu verbessern?
Gut.
Ich gebe dir den einzigen Schlüssel.
Du untersuchst ihn eingehend. Wiegst ihn in der Hand.
Du steckst ihn ins Schlüsselloch.
Du öffnest die Tür. Du bist natürlich die erste Person, die hierherkommt und diese Türschwelle übertritt.
Endlich bist du bei dir zu Hause, lieber Leser.
Ein Tusch!
Es ist schön, was?
Sieh dir das Haus genau an.
Alles ist genau so, wie du es dir immer gewünscht hast.
Die Temperatur ist ideal.
Du atmest die Luft deiner Bleibe ein, und du erkennst vertraute Gerüche.

Es sind die Gerüche von Milch, Kuchen, Braten, Weihrauch oder Bienenwachs, die du seit frühester Kindheit kennst.
Selbst der Holzgeruch der Möbel hat eine beruhigende Wirkung auf dich.
Das Geräusch des Kamins mit den knisternden Holzscheiten.
Der Geruch von Harz.
Du gehst in dein Arbeitszimmer.
Es ist der Ort, an dem du arbeitest, nachdenkst, Pläne schmiedest.
Alle Gegenstände, die herumliegen, erkennst du wieder, kannst du einordnen.
Du setzt dich in deinen Sessel in deinem Arbeitszimmer.

DER SATZ, DEN DU HEUTE HÖREN MUSST

Vor dir liegt ein großes und schweres Album, das wie ein Zauberbuch aussieht.
Sein Einband besteht aus geschnitztem Holz, sein Schloß ist geschmiedet, und seine Seiten sind aus abgegriffenem Pergament.

Schlag es aufs Geratewohl auf.
Ein einziger Satz steht auf der Mitte der linken Seite.
Es ist der Satz, den du heute lesen mußt.
Dieser Satz richtet sich ausschließlich an dich, und durch ihn wird es dir gelingen, deine momentanen Schwierigkeiten zu bewältigen.
Dieser Satz wird dir helfen, einen Schritt zu tun.
Vielleicht ist es ein brauchbarer Ratschlag.
Eine Lösung, an die du bezüglich eines Problems, das dich beschäftigt, nicht gedacht hast.
Vielleicht ist es der Name einer Person, die du nicht genügend beachtet hast und die sich als eine große Hilfe erweisen könnte.
Vielleicht ist es eine völlige Kehrtwendung, die du vollziehen mußt, selbst wenn sie dir beschwerlich erscheint.
Vielleicht ist es etwas, das du tun mußt, um dich besser zu fühlen.
Jetzt ist dieser »nützliche« Satz vor dir.
Schließe die Augen für zwanzig Sekunden, und lies ihn.

...

Wäge den Sinn jedes einzelnen Wortes gut ab.
Verstehe ihn bis in die Tiefe.
Nun nimm die große Gänsefeder vor dir, und tauche sie ins Tintenfaß.
Du wirst daneben, auf die rechte Seite, deine Antwort auf den Satz des Zauberbuches schreiben.
Schließe deine Augen für zwanzig Sekunden, sie wird von alleine kommen, ganz plötzlich.

...

So.
Du kennst das Problem und seine Lösung.
Du kannst sie nicht mehr ignorieren.
Wisse, daß jedesmal, wenn du in dein Refugium zurückkommen und dieses Buch erneut aufklappen wirst, ein neuer Satz an dich gerichtet sein wird.
Er wird dir erlauben, deinen nächsten Lebensabschnitt schneller und unter besseren Voraussetzungen zurückzulegen.
Du wirst lediglich für zwanzig Sekunden die Augen schließen müssen, um den Satz zu lesen.
Du wirst lediglich für zwanzig Sekunden die Augen schließen müssen, um die Antwort zu finden.

Wenn du magst, kannst du deine Sätze sogar auf meinen Seiten notieren, um sie dir immer wieder in Erinnerung zu rufen.
Mach dir um mich keine Sorgen.
Ich habe es dir gesagt: Ich bin nicht heilig, du kannst so viele Notizen, Zeichnungen, Graffiti oder Eselsohren auf meine Seiten machen, wie du wünschst.
Kehren wir in dein Arbeitszimmer zurück.
Räum das Zauberbuch in die Schublade des Tisches.
Wenn du nicht willst, daß der Schreibtisch deiner spirituellen Welt ebenso unordentlich wie der Schreibtisch deiner materiellen Welt ist, dann mach dir das Aufräumen gleich zur guten Gewohnheit.
Nun sieh dir die Schatulle zu deiner Linken an.
Erbrich das Wachssiegel.

DEIN PERSÖNLICHES SYMBOL

Im Innern befindet sich ein Symbol.
Schau es dir an.
Du siehst es. Du erkennst es. Du verstehst es.

Berühre es.
Nimm seine Kanten, seine Kurven, seine Größe wahr.
Warum hat es diese besondere Form?
Woran erinnert sie dich?
Du nimmst dein Symbol, du hältst es über dich, und es beginnt sehr stark zu strahlen, wie eine kleine Sonne.
Du hältst es dicht vor deine Brust,
und du drückst es dir mit einem Stoß in dein Herz.
Dort beginnt es noch stärker zu strahlen und versorgt dich mit einer wohltuenden Energie.
Alle deine Sinne spüren sogleich, wie ihr Empfindungsvermögen sich erhöht.
Du hast nicht nur fünf physische Sinne: Sehen, Riechen, Hören, Schmecken, Fühlen.
Du bist auch mit fünf spirituellen Sinnen ausgestattet: Gefühl, Vorstellungskraft, Intuition, Bewußtsein, Inspiration.
Und alle profitieren von deinem Symbol.
Das Gefühl.
Deine Gefühle sind klarer.
Du läßt nicht mehr zu, daß sie dich wie brandende Wellen überwältigen.

Du spürst sie kommen, und du fühlst, daß du auf ihren Kämmen reiten kannst.
Die Vorstellungskraft.
Deine Vorstellungskraft erweitert sich.
Du gibst die Vorurteile auf, die deinen Blickwinkel einschränken.
Die Intuition.
Deine Intuition wird blitzschnell, du lernst, auf sie zu hören, bevor du irgend etwas unternimmst.
Das Bewußtsein.
Du bist dir bewußt, wer du bist.
Du bist dir jederzeit bewußt, was du tust.
Die Inspiration.
Deine Inspiration fängt die Ideen, die sich ansammeln, auf, gleich einer großen Wolke über dem Planeten.
Eine Wolke, die gelegentlich »Noosphäre« genannt wurde.
Im Innern vermischen sich die Ideen, neue entstehen, andere verschmelzen.
Du lernst, daß die Ideen wie unabhängige Wesen sind.
Daß sie ihre eigene Evolution, ihre eigene Selektion, ihre eigene Mutation haben.

Sie sind nicht nur Töchter unseres Gehirns.
Sie waren vor dem Menschen da und werden nach ihm da sein.
Einige verbreiten sich, andere leben autark.
Einige verkriechen sich, um erst im günstigsten Moment aufzutauchen.
Andere schweben großzügig umher, um von den Träumern und Künstlern aufgefangen zu werden.
Künftig weißt du, daß auch du diese Ideen aufgreifen darfst.
Jedesmal, wenn du dazu Lust haben wirst, kannst du die Noosphäre besuchen und das daraus schöpfen, was du benötigst, um auf deinem bevorzugten Gebiet kreativ zu sein.
Aber vergiß nicht, daß diese Ideen nicht von dir kommen.
Deine Kreativität wird darin bestehen, sie auf neue Weise miteinander zu verbinden.
Schließ dich an die Noosphäre an.
Die Kapazität deines Gedächtnisses wird größer, um die Ideen zu speichern, sie zu vergleichen, miteinander zu kreuzen und um sie in deinem persönlichen spirituellen Laboratorium weiterzuentwickeln.

Deine Fähigkeit zur Analyse und Synthese entwickelt sich.
Du denkst schneller nach und hältst dich nicht mit unwichtigen Details auf.
Du siehst hinter die Fassade.
So, als reinige man die verstaubten Fenster deiner Wahrnehmung.
Alles wird klarer, leichter, einfacher.
Du bist in der Lage, nun gleich zum Wesentlichen zu kommen.
Du wirst Herr deines Denkens.
Das ist die Kraft deines persönlichen Symbols.
Du legst es in seine Schatulle zurück.
Du schließt sie und räumst sie weg.
Du weißt, daß es jedesmal, wenn es dir nicht gutgeht, genügen wird, dein Symbol zu rufen und es erneut in dein Herz strahlen zu lassen.

DEINE WAFFE

Ein langes Futteral hängt an der Wand, gegenüber von deinem Schreibtisch.
Im Innern befindet sich deine Waffe.

Nimm sie heraus.
Es ist ein Schwert.
Sieh es dir an.
Sieh dir genau seinen Knauf an.
Dein Wahlspruch ist darauf eingraviert.
Sieh dir genau seine stahlharte Klinge an.
Sieh dir genau seinen Griff an, der der Form
deiner Hand perfekt angepaßt ist.
Dies ist dein Schwert, keine andere Hand wird es
führen können.
Es ist leicht und trotzdem stark genug, um Metall
zu durchschneiden.
Seine Klinge ist dünn wie eine Rasierklinge.
Doch du hörst Geräusche draußen.
Wer kann es wagen, dein Territorium zu betreten?
Du lehnst dich aus dem Fenster, und du siehst eine
Gruppe von Menschen.
Du erkennst sie, es sind deine Freunde.
Sie kommen, um die Entdeckung deines Refugiums
zu feiern.

DEIN FEST

Du steckst dein Schwert in seine Scheide und gehst zu ihnen hinab.
Sie haben vor dem Eingang deines Refugiums ein Fest organisiert.
Tische sind kreisförmig aufgestellt.
Es gibt köstliche Gerichte.
Musik erklingt.
Du erkennst diese Musik, es ist deine Lieblingsmusik.
Alles schwingt in dieser Melodie.
Begleitet von dieser Musik, die dich so gut charakterisiert, nimmst du auf dem Stuhl, der dir zugewiesen wird, Platz.
Du erhebst die Arme, und all deine Freunde lächeln dich an.
Heute sind ausschließlich Menschen gekommen, die dich wirklich lieben.
Dies ist dein Fest.
Du erhebst dein Glas auf ihre Gesundheit.
Dein bester Freund oder deine beste Freundin sagt dir, daß sie alle ein Geschenk mitgebracht haben.

Jeder kommt der Reihe nach zu dir und überreicht es dir.
Du nimmst die Verpackung und die Bänder ab.
Jedes Geschenk ist etwas Besonderes und offenbart nicht nur die Persönlichkeit desjenigen, der es schenkt, sondern auch die Art und Weise, von der er glaubt, dir damit die größte Freude zu machen.
Jeder deiner Freunde erklärt dir den Sinn seines Geschenks.
Es sind Kunstwerke, die extra für dich geschaffen wurden.
Es sind seltene, in Trödelläden aufgestöberte Dinge.
Die, die sie dir schenken, waren lange unterwegs, um sie zu finden,
und sie erzählen dir die Geschichte dieser glücklichen Funde.
Jeder flüstert dir die Erinnerung an einen schönen Moment, den ihr zusammen erlebt habt, ins Ohr.
Ich, das Buch, verhalte mich in diesem Moment diskret.
Ich respektiere die besondere Komplizenschaft, die dich mit ihnen verbindet.
Würdige das Glück, solche Freunde zu haben.

Einige ergreifen Trommeln.
Und ihr tanzt wie die Völker der Wälder.
Du schließt die Augen.
Du reagierst dich ab.
Ihr singt spontan, indem ihr Töne macht, die aus dem Bauch kommen.
Es ähnelt Gesängen amerikanischer Indios oder Polyphonien von Pygmäen.
Dann nehmen andere bretonische und schottische Dudelsäcke, Harfen, Violen und spielen eine wunderbar altmodische ländliche Gigue.
Danach geht ihr zu wildem Rock über.
Ihr dreht euch schneller und schneller.
Dann beruhigt sich alles bei schmachtenden Slows.
Die Körper streifen sich, berühren sich, liebkosen sich.
Die Finger verflechten sich und klammern sich aneinander.
Verstohlene Küsse werden zwischen den Tanzenden ausgetauscht.
Die warme Anwesenheit deiner Freunde ist wie ein großer Mantel, der dich schützt.
Du weißt, daß diese hier dich niemals fallenlassen werden.

Indes schaut irgend jemand die Sterne an, sagt,
daß es spät sei und daß er zurückkehren müsse.
Die anderen folgen ihm.
Du möchtest sie noch zurückhalten.
Doch betrachte ihren Rückzug lieber als einen
Freundschaftsbeweis.
Sie wissen, daß du deinen Weg allein fortsetzen
mußt, um dem dritten Element zu begegnen.
Dem Feuer.
Sie möchten dich auf deiner Reise nicht aufhalten.
Du grüßt sie einen nach dem anderen
und verwandelst dich wieder in einen
durchsichtigen Vogel.

Die Welt des Feuers

DEIN KAMPFGEBIET

Wir fliegen davon.
Dieses Mal nicht mehr durch den Raum, sondern
durch die Zeit.
Der Himmel ist feuergelb und blutrot.
Die Musik basiert im wesentlichen auf einem
Akkord auf *D*.
Die Instrumente sind moderne Instrumente mit
Verstärker.
Laute E-Gitarre, ein Synthesizer, der seltsame Töne
fabriziert, ein Baß, der den Brustkorb vibrieren
läßt, hartes Schlagzeug.
Leiser kommt rhythmisch der Lärm von Kanonen
und Artilleriebeschuß durch.
Hard Rock.
Wir fliegen hinab.
Da ziehen die großen Schlachtfelder an uns vorüber.
Das von den Griechen besetzte Troja und das
hölzerne Pferd, das seine Todeskommandos

herausläßt, zur großen Verzweiflung von König Priamos.
Schwerter.
Jerusalem, das von den Truppen Nebukadnezars eingeschlossen ist.
Marathon, wo Griechen und Perser sich gegenüberstanden.
Hannibals Elefanten, die Decken voller Schmuck tragen, greifen die feindlichen Linien an und zerschlagen die Schilde mit ihrem gestählten Elfenbein.
Karthago unter den Angriffen der Katapulte von Scipio Africanus dem Älteren in Flammen.
Die Festung von Massada trotzt den römischen Legionen, so gut sie kann, hoch oben auf ihrem Felsen.
Azincourt, wo die französischen Ritter, die in ihren zu schweren Rüstungen stecken, ohne Geschick die Linien der englischen Bogenschützen angreifen.
Pfeile.
Die Schlacht der großen Armada.
Die zu schwerfälligen spanischen Schiffe schießen aus allen ihren Flanken Breitseiten gegen die kleinen, schnellen und beweglichen Schiffe der Engländer.

Die Einnahme der Bastille durch das Pariser Volk.
Artillerie.
Austerlitz.
Die Angriffe mit dem Säbel gegen Linien
funkelnder Bajonette. Der Klang der Trommeln
und Flöten skandiert und heizt die Arbeit des
Tötens an, während die Strategen das Gebiet aus
der Ferne durch ihre Fernrohre betrachten.
Sebastopol.
Die Revolte der Taiping in China.
Der amerikanische Sezessionskrieg.
Der Burenkrieg in Südafrika.
Verdun.
Kleine, leichte Panzer mit losen Bolzen
überschreiten die mit Drahtverhauen markierten
Linien und schießen auf die reitenden Soldaten.
Die Männer, die in den Schlammgräben
halbverschüttet sind, wirken wie Maulwürfe.
Maschinengewehre.
Die russische Revolution.
Die Bombardierung von Pearl Harbor.
Die Schlacht von Stalingrad im Schnee, das Blut
und die brandigen Wunden.
Raketenorgeln, die heulend die Nacht erleuchten.

Die Landung in der Normandie, die Barken, die Soldaten abladen, welche unter dem Pfeifen der Kugeln an den Strand laufen.
Atombombe.
Der Pilz steigt über Hiroshima auf.
Nagasaki.
Der Indochinakrieg. Der Koreakrieg. Der Vietnamkrieg.
Der Sechstagekrieg. Der Krieg Iran–Irak. Der Golfkrieg.
Die Massaker in Ruanda, in Afghanistan...
Die Konflikte entwickeln ihre Gewalt.
Überall das Feuer, das Geröchel, die Geier, der Stahl, der Schlamm, die Disteln, die Ratten, die Krähen.
Wir landen auf einem Schlachtfeld, das mit seinen von Granaten herrührenden Kratern einer Mondlandschaft zum Verwechseln ähnlich sieht.
Einige zerborstene und entlaubte Bäume sind am Absterben.
Der Himmel ist gelb und grau, dazwischen Cyanstreifen.
Die Luft ist mit Spuren von heißem Eisen, Feuer und Blut erfüllt.

Am Horizont hört man Tausende von Soldaten, die losstürzen, um zu töten, zu verstümmeln, zu zerstören.
Das Zischen von Flammenwerfern, Mörsern, Panzerfäusten.
In der Mitte Schreie und Feuerstöße, die letzten brennenden Bäume gleichen Fackeln, die diese seltsamen menschlichen Zeremonien, die immer noch abscheulicher und noch verheerender werden, beleuchten.
Diesen Ort hast du dir ausgesucht, um im Zweikampf alle deine Ängste zu bekämpfen.
Du streifst dir deine Rüstung und deinen Helm über, du hältst dein Schild fest in deiner linken Hand.

KAMPF GEGEN DEINE ANGST ZU KÄMPFEN

Der erste deiner Gegner gleicht einer riesigen, zwanzig Meter langen Schlange.
Sie stellt deine Angst zu kämpfen dar.
Du hebst deine geöffnete Hand, du rufst dein Schwert.

Es gleitet von selbst in deine Hand.
Die Schlange schlängelt sich hin und her, richtet sich auf, streckt sich.
Sie ist gigantisch.
Du rufst ein schwarzes Pferd mit unruhigen Augen und einer langen seidigglänzenden Mähne zu Hilfe.
Auf seinem Rücken liegt eine Decke aus metallenen Plättchen.
Auf seiner Brust ein langer Sporn.
An seinen Flanken spitze Stacheln.
Das Pferd schnaubt heiße Luft aus seinen Nüstern.
Du spürst seine ganze animalische Kraft, die einzig durch die Zügel, die du in derselben Hand wie deinen Schild hältst, zurückgehalten wird.
Das Pferd bäumt sich auf, wobei es mit seinen Vorderbeinen wild durch die Luft schlägt.
Du schwingst dein Schwert hoch.
Die riesige Schlange öffnet ihr enormes Maul und züngelt mit ihrer gespaltenen Zunge.
Ihr Maul schnappt dicht vor deinem Helm zu.
Wegen ihres warmen und stinkenden Atems stürzt du vom Pferd.
Schnell stehst du wieder auf.
Du hältst dein Schwert fest in der Hand.

Du stellst dich breitbeinig hin und schwingst dein Schwert, sobald ihr Kopf in Reichweite kommt.
Du überraschst sie durch drehende Bewegungen.
Du erkennst, daß es nicht *so* schwierig ist, sie zu besiegen.
Sie liegt flach auf dem Boden.
Mit der Schneide des Schwertes trennst du ihren Kopf ab.
Du nimmst sie hoch und schleuderst sie in den Himmel.
Du stößt einen Siegesschrei aus.
Geschafft, du hast keine Angst mehr zu kämpfen.
Du weißt, daß du dich, wer auch immer dein Gegner sei, mit ihm messen kannst.
Da taucht dein zweiter Gegner auf.
Er ist ein Samurai, der mit einem langen, schwarzen Säbel bewaffnet ist.
Du erkennst sein Gesicht.
Er ist das menschliche Wesen, das dir am meisten geschadet hat.
Derjenige, der dir in deinen Alpträumen manchmal wiederbegegnet.
Du hast dir schon immer gewünscht, ihn fertigzumachen.

KAMPF GEGEN DEINEN PERSÖNLICHEN FEIND

Endlich steht er da, dir gegenüber.
Er macht sich über dich lustig und fordert dich mit seinem Säbel heraus.
Schnell greifst du nach deinem Schwert, du reibst es an deinem Schenkel sauber und nimmst Stellung.
Er macht einen Hieb mit seinem Säbel und streift dich.
Es folgen mehrere blitzschnelle Hiebe kurz nacheinander, und du versuchst, sie mit deinem Schild und deinem Schwert abzuwehren.
Du entschließt dich, nicht mehr einzustecken, sondern die Oberhand zu gewinnen.
Es genügt, sich dazu zu entschließen, damit es funktioniert.
Deine Sinne sind in Alarmbereitschaft, du nimmst alles sehr schnell wahr.
Du weißt, daß die Zeit unendlich lang ist zwischen dem Moment, in dem dein Gegner sich zu einem erneuten Säbelhieb entschlossen hat, und dem, in dem du diesen Hieb wahrnimmst.

Er greift dich von neuem an.
Doch von jetzt an sind deine Paraden jedem seiner Hiebe den Bruchteil einer Sekunde voraus.
Statt zurückzuschlagen, beobachtest du in aller Ruhe genau sein Verhalten, so als schautest du ein Tennismatch im Fernsehen an.
Du entdeckst seine guten und schlechten Angewohnheiten, die kurzen Augenblicke, in denen er ungedeckt ist.
Du wartest den günstigsten Moment ab.
Du umkreist ihn wie ein Torero einen Stier.
Nimm das Zentrum ein.
Führe die Schläge ganz aus.
Laß dich von deinem Schwung mitreißen.
Warte nicht, bis du frontal angegriffen wirst, weiche aus.
Stell dir vor, daß dein Duell sich in einen Tanz verwandelt.
Sag dir, daß es, selbst wenn du verlierst, nicht schlimm ist.
Mach dich mit der Möglichkeit der Niederlage vertraut, doch verzichte nicht auf die Ästhetik des Duells.
Du magst verlieren, aber in einem schönen Kampf.

Nicht deine Waffen, sondern deine Fähigkeit, den Gegner zu fassen, kann dir zum Sieg verhelfen.
Fürchte nicht, ihn so weit zu verstehen, daß er dir sympathisch wird.
Liebe deine Feinde, das ist das beste Mittel, sie nervös zu machen.
Warum er dir gegenüber so aggressiv ist?
Weil er Angst hat.
Nicht ihm trittst du entgegen, sondern seiner krankhaften Angst.
Beobachte ihn noch genauer.
Sieh das kleine Kind in ihm, das Angst vor dem Wolf hat, das Angst vor der Dunkelheit hat, das Angst hat, daß seine Mutter weggeht.
Deshalb grollt er dir.
Statt gegen ihn zu kämpfen, solltest du ihm vielmehr helfen.
Doch du fühlst, daß er nicht mehr fähig ist, irgend jemandem zuzuhören.
Du wirst gezwungen sein, ihn zu stoppen.
Wenn du den günstigsten Moment spürst, dann führe eine kleine Bewegung aus.
Ihm ein Bein zu stellen genügt.
Er kommt aus dem Gleichgewicht.

Er stürzt.
Diese Szene scheint sich in Zeitlupe abzuspielen.
Sein Gesicht zeigt Überraschung.
Er stürzt noch immer.
Er könnte sich ohrfeigen, daß er sich auf so dumme Weise hat besiegen lassen.
Endlich liegt er am Boden.
Besiegt.
Stimmt, du hattest gar nicht mehr daran gedacht, aber klar, wenn nichts mehr geht, küßt man zum Schluß den Boden.
Du beugst dich zu ihm hinab.
Du dankst ihm für die Schönheit des Kampfes.
Und auch für die Lehre, die er dir erteilt hat.
Man muß seinen Feinden immer danken.
Ohne sie würdest du dich nicht weiterentwickeln.

KAMPF GEGEN DAS SYSTEM

Schon erscheint dein dritter Gegner.
Er ist kubisch, gigantisch, kalt.
Er ist mit Raupenketten ausgestattet, die alles zermalmen.

Er ist das soziale System, in das du eingebunden bist.
Auf seinen Türmen erkennst du mehrere Köpfe.
Darunter sind die
deiner Lehrer,
deiner Chefs in der Hierarchie,
der Polizisten,
der Soldaten,
der Priester,
der Politiker,
der Funktionäre,
der Ärzte,
die dazu da sind, dir immer zu sagen, ob du gut oder schlecht gehandelt hast.
Und die dir das Verhalten vorgeben, das du an den Tag legen mußt, um in der Herde zu bleiben.
Es ist das System.
Dein Schwert kann nichts gegen es ausrichten.
Wenn du es angreifst, bombardiert dich das System mit Papier:
Zeugnisheften,
Strafzetteln,
Sozialversicherungsformularen, die du ausfüllen mußt, um dein Geld erstattet zu bekommen,

überfälligen Steuerbescheiden, bei denen bereits ein Säumniszuschlag erhoben wurde,
Entlassungsbescheiden,
Erklärungen über den Ablauf des Anspruchs auf Arbeitslosenunterstützung,
Rechnungen für Wohnungsmiete, Strom, Telefon, Wasser, Gemeindesteuer, Grundsteuer, Gebühren, Pfändungsbescheiden, einer Androhung, auf die Schwarze Liste gesetzt zu werden, Vorladungen zur Klärung deiner familiären Situation, Anmahnungen der Personenstandsurkunde, datiert vor zwei Monaten...
Das System ist zu groß, zu schwerfällig, zu alt, zu komplex.
Hinter ihm schieben sich in einer langen Reihe alle vom System Unterjochten vorwärts.
Hastig füllen sie mit dem Kugelschreiber Formulare aus.
Einige sind ganz kopflos, weil die Frist abgelaufen ist.
Andere verlieren die Nerven, weil ihnen eine offizielle Bescheinigung fehlt.
Einige versuchen, sich den Hals etwas freizumachen, wenn es zu unbequem wird.

Das System kommt näher.
Es streckt dir ein eisernes Halsband entgegen, das dich an die Kette all derer, die bereits seine Gefangenen sind, binden soll.
Es kommt näher in dem Wissen, daß alles ganz automatisch ablaufen wird und du weder die Wahl noch ein Mittel hast, es zu verhindern.
Du fragst mich, was du tun sollst.
Ich antworte dir, daß man gegen das System eine Revolution machen muß.
Eine was?
EINE REVOLUTION.
Darauf bindest du dir ein rotes Band um den Kopf, du greifst dir die erstbeste Fahne, die herumliegt, und du schwingst sie hin und her, wobei du schreist: »Nieder mit dem System.«
Ich fürchte, du irrst dich.
Indem du so handelst, hast du nicht nur keine Chance zu gewinnen, sondern du stärkst das System noch.
Schau, gerade hat es die Ketten um die Hälse um ein Glied verengt mit dem Vorwand, dies zur Verteidigung gegen »deine« Revolution tun zu müssen.
Die Angeketteten danken es dir nicht gerade.

Vorher hatten sie noch einen kleinen Funken Hoffnung, das Metall durch Drehen weiten zu können.
Deinetwegen ist es nun noch schwieriger.
Von nun an hast du nicht nur das System, sondern alle Angeketteten gegen dich.
Und diese Fahne, die du schwingst, ist sie wirklich »deine«?
Tut mir leid, ich hätte dich warnen sollen.
Das System ernährt sich von der Energie seiner Gegner.
Manchmal stellt es ihre Fahnen her und streckt sie ihnen dann entgegen.
Du bist in die Falle gegangen!
Aber sei unbesorgt: Du bist nicht der erste.
Was ist nun zu tun, sich zu unterwerfen?
Nein.
Du bist hier, um zu lernen, wie man gewinnt, und nicht, um zu resignieren.
Es wird wohl notwendig sein, daß du dir gegen das System eine andere Form der Revolution einfallen läßt.
Ich schlage dir vor, daß du ein Schreiben ausklammerst.

Mache deine persönliche (R-)Evolution, statt die Revolution der anderen zu machen.
Entwickle dich selbst weiter,
statt zu wollen, daß die anderen perfekt sind.
Suche, erforsche, sei erfinderisch.
Die Erfinder sind die wahren Rebellen!
Dein Gehirn ist der einzige Bereich, den es zu erobern gilt.
Leg dein Schwert ab.
Sag dich von jeglicher Neigung zu Gewalt, Rache oder Mißgunst los.
Anstatt diesen umherziehenden Koloß, an dem sich schon alle die Zähne ausgebissen haben, zu zerstören, solltest du etwas Erde nehmen und deinen eigenen Bau in einer Ecke errichten.
Erfinde etwas. Erschaffe etwas. Schlag etwas anderes vor.
Selbst wenn es am Anfang nur einem Schloß aus Sand gleicht, ist dies doch die beste Methode, diesen Gegner anzugreifen.
Sei ehrgeizig.
Versuche, dein eigenes System besser werden zu lassen als das bestehende System.
Automatisch wird das alte System überholt sein.

Nur weil niemand etwas Interessantes vorschlägt, erdrückt das System die Menschen.
Heutzutage gibt es einerseits die Kräfte der Unbeweglichkeit, die Kontinuität wollen, und andererseits die reaktionären Kräfte, die dir aus Gründen der Nostalgie vorschlagen, gegen die Unbeweglichkeit zu kämpfen, um zu den archaischen Systemen zurückzukehren.
Sieh dich vor diesen beiden Sackgassen vor.
Zwangsläufig gibt es einen dritten Weg, der darin besteht, etwas ganz Neues zu tun.
Finde ihn.
Greif das System nicht an, sorge dafür, daß es veraltet.
Los, bau schnell.
Rufe dein Symbol, und bring es in dein Schloß aus Sand.
Bring alles, was du bist, mit ein: deine Farben, deine Musik, deine Bilder und deine Träume.
Schau.
Das System beginnt nicht nur, Risse zu bekommen, sondern es kommt sogar, um sich deine Arbeit anzuschauen.
Das System ermutigt dich weiterzumachen.

Das ist das Unglaubliche.
Das System ist nicht »schlecht«, es ist veraltet.
Das System wird sich seines eigenen Alters bewußt.
Es hat seit langem darauf gewartet, daß jemand wie du den Mut hat, etwas anderes vorzuschlagen.
Die Angeketteten beginnen, untereinander zu diskutieren.
Sie sagen sich, daß sie genauso handeln können.
Unterstütze sie dabei.
Je mehr Neues hervorgebracht wird, desto mehr wird das alte System auf seine Vorrechte verzichten müssen.

KAMPF GEGEN DIE KRANKHEITEN

Und hier nun dein vierter Gegner.
Man möchte sagen eine Armee kleiner, dunkler Krabben.
Einige verbreiten Mundfäule, Halsschmerzen, Fieber, rote Augen, Sodbrennen, Rheuma, Schuppenflechte.

Andere erzeugen Niesen, Husten, Verschleimtsein, Schleimauswürfe, Juckreiz, Eiterbläschen, Zuckungen...
Um nur einige gesundheitliche Probleme zu nennen.
Du wirst sie weder mit dem Schwert noch mit Sand überwinden können.
Rufe dein Immunsystem zu Hilfe.
Daraufhin kommen Tausende kleiner, hellbeiger Krabben aus deinen Nasenhöhlen und aus deinem Mund.
Es sind Elitetruppen im Kampf gegen die Krankheiten.
Die beiden Armeen gehen aufeinander zu.
Auf der einen Seite die Krankheiten.
Auf der anderen deine Lymphozyten.
Und jeder Lymphozyt stellt sich im Zweikampf einer Krankheit.
Sporne sie aus der Ferne an.
Laß die unterdrückten Gefühle heraus.
Nutze die Komplexität deiner inneren Chemie.
Dein Körper kann sein eigenes Morphium produzieren, sein Gerinnungsmittel, sein Desinfektionsmittel, seine Entzündungshemmer.

Denke daran.
Möglicherweise bist du im Kampf gegen die Krankheit stärker, als du glaubst.
Wenn deine Armee nicht ausreicht, werde ich dir eine andere Taktik vorschlagen.
Kämpfe, indem du dich zurückziehst.
Und statt die Krankheiten zerstören zu wollen, solltest du deine gesunden Bereiche stärken.
Schließlich erweisen sich einige Krankheiten, die im Zweikampf mit deinen Lymphozyten unschlagbar sind, als unfähig, auf gesundes Terrain vorzudringen.
Dort tötet ein Nichts sie.
Sie versuchen einen letzten, verzweifelten Angriff.
Daraufhin metzelst du sie alle nieder, indem du sie mit deinem Fieber verbrennst.

KAMPF GEGEN PECH

Dein fünfter Gegner ist das Pech.
Es ist ein grauer Nebel.
Dagegen kannst du wirklich nichts tun.
Tut mir leid.

Also legst du dich auf die Erde und läßt dich von ihm einhüllen.
Du weißt, daß es über dich herfallen wird, wenn du dich bewegst.
Du verharrst unbeweglich, du denkst an nichts, du wartest, bis es vorüber ist.
Pech kann dir keine Angst machen.
Akzeptiere, daß du nicht immer gewinnen kannst.
Akzeptiere das Pech als ein Element, das den Ausgang eines Kampfes bestimmen kann.
Das Pech ist kein Feind.
Ganz wie der Regen ist es ein Mittel, durch das du die schöne Zeit erst zu schätzen weißt.
Pech zu haben ermöglicht es dir, dich zu hinterfragen und dich weiterzuentwickeln.
Akzeptiere deine Ohnmacht dem Pech gegenüber.
Mach einen Buckel.
Spüre, wie es über deinen Körper rutscht.
Hier ist derjenige der wahre Kämpfer, der auf den Kampf verzichten kann.
Der wahre Kämpfer ist außerdem der, der verlieren kann.
Selbst die Niederlage ist unabdingbar für dich, um weiterzukommen.

KAMPF GEGEN DEN TOD

Der sechste Gegner ist der Tod.
Höchstpersönlich.
Er erscheint wie in den Mythologien als Skelett, das in einen zerrissenen Mantel gehüllt ist.
Er schwingt eine große, rostige Sense.
Er riecht nach Aas.
Und sein Schädel, der von der Kapuze seines Mantels bedeckt ist, läßt dir mit den leeren Augenhöhlen das Blut in den Adern gefrieren.
Der Tod spricht mit unangenehmer, dünner, spitzer Stimme zu dir.
Er sagt dir, daß ihr Menschen nicht mehr mit ihm umgehen könnt, und deshalb tut ihr so, als gäbe es ihn nicht.
Alle möchten glauben machen, daß die neue Generation von dieser kleinen »Formalität« verschont werde.
Ihr habt unrecht, ihn zu einem Tabu zu machen.
Der Tod sagt, wenn früher ein Großvater starb, dann sahen seine Enkel das langsame Dahinsiechen des Alten.
Heutzutage kommt der Großvater ins

Krankenhaus, und dann sieht man ihn nicht mehr bis zu dem Tag, an dem das Telefon klingelt und mitgeteilt wird, daß »es vorbei ist«.
Was ist vorbei? Das Warten der Erben? Der Streß zu wissen, daß es ihm nicht gutgeht? Die Bürde, alle Formalitäten mit der Krankenkasse zu regeln?
Resultat: Niemand weiß mehr, was der Tod eigentlich ist, und wenn er kommt, hat man Angst vor diesem großen Unbekannten.
Ebenso das Kino, das ständig Szenen voller Massaker und Greueltaten zeigt, so daß ihr schließlich glaubt, gegen den Tod immun zu sein.
Diese Art von Mut ist falsch.
Man kann den Tod nicht zähmen.
Man kann lediglich versuchen, sich mit ihm vertraut zu machen.
Einigen Stammesgesellschaften gesteht er zu, einen gewissen Kult um ihn aufrechtzuerhalten.
Dort werden die Kinder dazu erzogen, ihn zu akzeptieren und zu respektieren.
Dort gibt es noch Todesrituale.
Das ganze Dorf wohnt dem Fortgang des Verstorbenen bei, und die Trauerzeit hat noch ihren Sinn.

Doch diese Rituale werden immer seltener.
Der Tod streckt seine feinen Glieder aus und schickt sich an, dich zu berühren.
Es schaudert dich.
Doch er läßt von seiner Geste ab.
Er möchte dich noch etwas lehren, bevor er dich mitnimmt.
Er klagt an.
Dadurch, daß ihr eure sterbliche Hülle in luftdicht verschlossenen Särgen versteckt, können die Maden euch nicht einmal mehr fressen.
Euer totes Fleisch dient nicht mehr der Fruchtbarkeit des Bodens und kehrt nicht mehr in den Kreislauf der Natur zurück.
Die Menschen müssen begreifen, was für ein großer Fehler es ist, ihn nicht zu akzeptieren.
Der Tod will, daß sein »Nutzen für die Öffentlichkeit« anerkannt wird.
Warum nicht in seinem Sinne handeln?
Werde dir deiner Angst zu sterben bewußt.
Und vergeistige sie.
Analysiere, was dich an der Tatsache zu verschwinden stört.
Vielleicht hast du Angst um deine Freunde, deine

Liebschaften, deine materiellen Güter...
Vielleicht hast du Angst, das, was du tun solltest, nicht verwirklicht zu haben.
Vielleicht hast du Angst, für das, was du in der Vergangenheit an Schlechtem getan hast, bezahlen zu müssen.
Vielleicht hast du Angst zu leiden.
Vielleicht hast du Angst, in die Hölle zu kommen.
Und schließlich macht dir der Tod durch die Tatsache angst, daß jemand von deiner Bedeutung nicht mehr existiert...
Der Tod kommt näher.
Jetzt oder nie mußt du deine geheime Waffe hervorholen:
deinen Humor.
Du erzählst ihm einen Witz.
Überrascht hält der Tod inne.
Einen Witz hört man immer gern.
Du erzählst ihm die beste lustige Geschichte, die du kennst.
Der Tod spürt, daß er gleich lachen muß.
Nicht die Qualität deiner Geschichte bringt ihn dazu, laut aufzulachen, sondern die Tatsache, daß sie in diesem Moment so unpassend ist.

Um Haltung zu bewahren, zieht er sich lieber zurück.
Du hörst, wie er beim Davongehen lauthals lacht.
Humor ist stärker als der Tod.

KAMPF GEGEN DICH SELBST

Doch hier nun dein siebter Gegner, und bei ihm bist du gezwungen, wieder ernst zu werden.
Dies ist der schlimmste Gegner.
Er gleicht dir.
Er hat alle deine Fehler.
Aber er hat auch deine guten Eigenschaften.
Du selbst bist es.
Schon immer hattest du Konflikte mit dir selbst.
Hier nun eine exzellente Möglichkeit, dich ihnen zu stellen.
Vor dir selbst kannst du dich nicht drücken.
Es gibt weder einen Kampf mit dem Schwert noch ein humoristisches Duell.
Er schlägt dir vor, eine Partie Karten zu spielen.
Ihr nehmt eineinander gegenüber an einem Tisch Platz.

Er hält ein Kartenspiel in der Hand, das deinem gleicht.
Bilder aus deiner Vergangenheit haben die üblichen Figuren ersetzt.
Er hält seine Karten fächerförmig, schaut dich verschmitzt an, zieht langsam eine.
Er dreht sie um.
Du erinnerst dich an eine unerfreuliche Begebenheit, die du zu vergessen versucht hattest.
Du bist an der Reihe, eine Karte hinzulegen.
Er erkennt, daß du aus einem angenehmeren Erinnerungsschatz schöpfst, und kontert mit höheren Karten.
Suche folglich deine schlimmsten Erinnerungen aus.
Leg alles offen.
Er ist gezwungen, ebenfalls alles offenzulegen, um dich zu überbieten.
Mach dir keine Geschenke mehr.
Zieh die Karten, die deine Niederträchtigkeit, deine Ängste, deine Undankbarkeit, deine Ignoranz dem Leiden anderer gegenüber, deine Faulheit, deine Falschheit zeigen.
Du zeigst ihm deine schlimmsten Kränkungen,

und von diesem Moment an kann er nicht mehr kontern.
Der freimütige Blick, den du auf dich selbst wirfst, macht ihn verlegen.
Du sagst ihm, daß du persönlich nichts mehr gegen dich hast.
Dies ist eine sehr gute Gelegenheit, dich mit dir selbst zu versöhnen.
Er stößt den Tisch um und wirft die Karten auf den Boden.
Du reichst ihm die Hand und bietest ihm an, in Zukunft sein Freund zu sein und nichts mehr zu tun ohne die absolute Übereinstimmung zwischen dir und dir.
Er nimmt deinen Vorschlag an.
Genug gekämpft.
Verlassen wir die Welt des Feuers.
Erfrischen wir uns ein wenig.

Die Welt des Wassers

DU SONNST DICH

Jetzt befinden wir uns an einem Strand mit feinem,
warmem Sand am Ufer eines Sees.
Die Farben haben Pastelltöne.
Das Wasser ist türkisblau mit malvenfarbenen
Sprenkeln.
Der Sand ist schwarz mit lilafarbenen Sprenkeln.
Du hörst eine Musik mit einem Akkord auf *A*.
Es ist eine Musik, in der im wesentlichen
Saiteninstrumente vorherrschen:
Harfe, Mandoline, Gitarre, eine anmutige Geige.
Sie erinnert an Vivaldi.
Am Seeufer rosa Flamingos.
In der Mitte ein riesiger Brunnen aus weißem
Marmor.
Du setzt dich, um deine Wunden zu verarzten.
In der Welt des Feuers hast du viel gelitten und viel
gelernt.
Doch deine Reise ist noch nicht zu Ende.

Du spürst, daß das Wasser des Sees wohltuend ist, und du hast Lust, darin zu baden.
Nicht sofort.
Du hast einen Moment der Ruhe verdient.
Du entledigst dich deiner Rüstung, deines Schildes und deines Helms.
Du schleuderst dein Schwert in die Luft, und es fliegt davon und wird sich an deinem Zufluchtsort an seinen Platz stellen.
Du ziehst dich aus.
Du bist nackt, es ist nicht kalt.
Dein Geist kommt zur Ruhe.
Du streckst dich auf dem warmen Sand des Strandes aus.
Du rufst dein Symbol, und es verläßt seine Schatulle, um in deine leeren Hände zu kommen.
Du läßt es in dein Herz gleiten, und erneut verspürst du einen großen Energieschub.
Die Fenster deiner Sinne öffnen sich weit, um alle Wellen einzulassen.
Du streckst deine Arme und Beine, wobei du sie etwas spreizt.
Deine gespreizten Zehen gleichen einem Fächer.
Das tut gut.

Du atmest tief durch.
Spüre die sanfte Welle in deinen Lungen.
Vorwärts.
Rückwärts.
Ruhe.
Wohlbefinden.
Kraft schöpfen.
Du bist dir bewußt, daß dein Geist in kurzer Zeit viele Dinge geleistet hat.
Gib zu, daß du nicht einmal wußtest, daß du dazu fähig bist!
Sieh dir den See an.
Du erkennst große Fische, die aus dem Wasser springen und dich auffordern, baden zu kommen.
Delphine.
Du gehst hinein.
Das Wasser ist lauwarm. Es ist Salzwasser.
Ein See, der mit Meerwasser gefüllt ist.
Die Delphine umkreisen dich.
Ihr kommuniziert über Telepathie miteinander.
Sie sagen dir, daß sie einst Landsäugetiere waren, daß sie es aber vorgezogen haben, ins Wasser zurückzukehren, weil man sich dort ungehindert in alle Richtungen bewegen kann.

Sie sagen dir, daß das Wasser ein wunderbares Lebenselement ist.
Man braucht keine Kleidung,
kein Haus,
kein Vaterland.
Sie necken dich und schlagen dir vor, mit ihnen zu spielen.
Du fragst sie nach dem Geheimnis ihrer Lebensfreude.
Sie sagen dir, daß sie ständig träumen.
Sie erklären dir, daß die eine Hälfte ihres Gehirns schläft, während die andere aktiv ist.
Derart, daß sie in dem Moment, in dem sie mit dir spielen, gleichzeitig träumen.
Du fragst sie, ob sie niemals richtig schlafen.
Und sie antworten dir mit nein, denn sie müssen auf jeden Fall immer sowohl im Wasser sein als auch an die Oberfläche kommen, um zu atmen.
Wenn sie beim Schlafen bewegungslos verharren, ersticken sie.
Doch sie weisen dich darauf hin, daß du selbst, hier und jetzt, wie sie bist.
Zur Zeit liest du zum Beispiel auf der Erde, in der realen Welt, »Das Buch der Reise«.

Und dein Geist ist zur selben Zeit in der Welt der Träume, die in dem Buch entworfen wird.
Werde dir dessen bewußt.
Sie sagen dir, daß darin möglicherweise die Evolution des Menschen besteht:
die Fähigkeit zu erlangen, bei Bewußtsein zu sein und gleichzeitig zu träumen.
Sie stoßen ihre kurzen Schreie aus und machen sich über dich lustig, denn schon allein die Tatsache, daß du diese Idee verstehst, macht aus dir einen Mutanten.
»Mutierender Geist! Mutierender Geist!« rufen sie dir fröhlich entgegen.
Du entgegnest ihnen, daß du gerne »evolutionär« sein möchtest, aber nicht mutierend.
Sie behaupten, daß eine »Veränderung des Geistes« bereits eine biologische Evolution ist.
Ein alter Delphin sagt, daß der Mensch, falls er in 250000 Jahren keine größeren Dummheiten macht, denselben Evolutionsstand erreicht haben müßte.
»Du gehörst zu den Prototypen der Menschen der Zukunft.«
Alle Delphine lachen laut auf und umkreisen dich.

»Mutierender Geist! Mutierender Geist!« wiederholen sie.
Der älteste der Delphine kommt näher, um dir das Geheimnis der Evolution anzuvertrauen.
Er behauptet, daß die Zahlen, die von den Menschen benutzt werden und die indischen Ursprungs sind, den Sinn des Lebens bereits darlegen.
Um sie zu entschlüsseln, muß man wissen, daß bei der Form einer Zahl
die Kurven Liebe,
die horizontalen Linien Verbundenheit,
die Überkreuzungen Wahlmöglichkeit darstellen.
»1«: Dies ist das mineralische Stadium.
Ein Delphin macht einen Sprung und zeichnet mit seinem Körper die Ziffer in die Luft, damit du ihre Form gut vor Augen hast.
Ein anderer erklärt dir:
Die »1« empfindet nichts. Sie ist da.
Es gibt keine Kurve.
Keine horizontale Linie.
Auch keine Überkreuzung.
Folglich weder Liebe noch Verbundenheit noch Wahlmöglichkeit.

Im mineralischen Stadium hat man keinen Geist.
»2«: Dies ist das pflanzliche Stadium.
Der Delphin zeichnet die Zahl, indem er aus dem Wasser springt.
Unten ist eine horizontale Linie.
Die »2« ist mit dem Boden verhaftet.
Die Blume ist durch ihre Wurzel mit dem Boden verbunden und kann ihren Standort nicht verändern. Im oberen Teil gibt es eine Kurve, der Stiel der Blume.
Die »2« liebt den Himmel.
Farbenfroh und harmonisch gezeichnet, macht sich die Blume schön, um der Sonne und den Wolken zu gefallen.
»3«: Dies ist das animalische Stadium.
Mit den beiden Kurven oben und unten.
Zwei Delphine springen, um die beiden Schleifen zu bilden.
Wie zwei geöffnete, übereinandergesetzte Münder.
Der Delphin stimmt dieser Deutung zu:
»Es ist der küssende Mund, der über dem beißenden Mund angeordnet ist.«
Die »3« lebt nur in der Dualität: »Ich liebe – ich liebe nicht.« Sie wird von den Gefühlen

überwältigt. Sie hat keine horizontale Linie, also keine Verbundenheit, weder zum Boden noch zum Himmel. Das Tier ist ständig in Bewegung. Es lebt im Zustand der Angst und der Begierde.
Die »3« läßt sich von ihrem Instinkt leiten,
sie ist somit ständige Sklavin ihrer Gefühle.
»4«: Dies ist das menschliche Stadium.
Zwei Delphine springen hoch und überkreuzen sich.
Die »4« bedeutet den Scheideweg.
Mit dem Symbol des Kreuzes.
Wenn man sich geschickt anstellt, erlaubt der Scheideweg, das animalische Stadium zu verlassen, um ins nächste Stadium zu gelangen.
Der Delphin sagt dir, daß man aufhören muß, sich von Angst und Mißgunst treiben zu lassen.
Man muß aus dem »ich liebe – ich liebe nicht« und dem »ich habe Angst – ich wünsche mir« ausbrechen.
Kommen wir zur »5«.
Die »5« ist der spirituelle Mensch. Der hochentwickelte Mensch.
Sie hat oben eine horizontale Linie, die sie an den Himmel bindet.
Sie hat eine nach unten geführte Kurve.

Sie liebt das, was unten ist: die Erde.
Sie ist die auf den Kopf gestellte Zeichnung der 2.
Das Pflanzliche ist an den Boden gefesselt.
Der spirituelle Mensch ist an den Himmel gefesselt.
Das Pflanzliche liebt den Himmel.
Der spirituelle Mensch liebt die Erde.
Das nächste Ziel der Menschheit wird sein, den Menschen von seinen emotionalen Reaktionen zu befreien.
Dies ist der Grund, weshalb er dich »Mutierender Geist« nannte.
Und die »6«?
Der Delphin sagt dir, daß es noch zu früh ist, um darüber zu sprechen.
Alle Delphine bilden ein Wasserballett, um die Zahlen darzustellen.
1 ... 2 ... 3 ... 4 ... 5 ...
Sie wiederholen:
»Mutierender Geist. Mutierender Geist.«
Du schwimmst mit ihnen.
Ihr umkreist den marmornen Springbrunnen.
Und, ganz plötzlich, bildet sich vor der Insel ein Strudel.

Etwas steigt empor.
Eine menschliche Silhouette taucht aus dem Wasser auf und klettert die Uferböschung hinauf.
Diese Person kennst du.
Es ist die Person, Mann oder Frau, die für dich gemacht ist.

BEGEGNUNG MIT DER PERSON, DIE DIR BESTIMMT IST

Nicht nötig, daß ihr euch vorstellt, ihr kennt euch seit langem.
Sie ist all das, was du schon immer gesucht hast.
Du bewunderst jeden ihrer Züge.
Ihren Blick.
Ihr Lächeln.
Diese Haltung.
Diese geistige Ruhe, die sich der, die du genau in diesem Moment ebenfalls empfindest, zugesellt.
Du schätzt ihren Duft.
Du magst die Wärme ihrer Stimme,
du gehst zu ihr.
Du berührst ihre Schulter.

Und der Kontakt mit ihr bewirkt einen leichten elektrischen Schlag.
Ihre Haut ist weich und straff.
Du fragst sie, wer sie ist.
Sie zieht es vor, dir zu sagen, wer »du« bist.
Sie spricht über dich, und du bist erstaunt, daß sie über deine intimsten Geheimnisse soviel weiß.
Sie macht ein verschmitztes Gesicht, das dich dahinschmelzen läßt.
Sie sagt dir, daß sie deine Qualitäten genauso wie deine Fehler schätzt.
Sie weist dich darauf hin, daß sie selbst nicht vollkommen ist.
Sie ist »die Unvollkommenheit, die deiner Unvollkommenheit angepaßt ist«.
Gemeinsam seid ihr vollständig.
Sie erzählt dir von dieser antiken Theorie, wonach die menschlichen Wesen einst zwei Köpfe, vier Arme, vier Beine hatten, und die besagt, daß sie durchtrennt wurden.
»Seitdem sind wir alle auf der Suche nach unserer verlorenen Hälfte«, sagt sie.
Du umfaßt sie.

Ihr küßt euch lange.
Eure Körper berühren sich und bilden wieder dieses vollständige Wesen mit vier Armen, vier Beinen, zwei Köpfen.
Um euch herum springen die Delphine fröhlich aus dem Wasser.
Dann löst sie sich verlegen von dir und spritzt dich lachend naß.
Du zögerst, dann spritzt du sie ebenfalls naß.
Ihr spielt wie Kinder.
Plötzlich hält sie inne, wird wieder ernst.
Ihr trennt euch.
Eure Finger berühren sich ein letztes Mal.
Sie sagt dir, daß es Zeit ist, deinen Weg fortzusetzen und den Delphinen zu folgen.
Du bedrängst sie, bei dir zu bleiben.
Sie sagt dir ganz deutlich, daß die menschlichen Wesen keine Dinge sind, die man besitzen kann.
Man muß die Menschen kommen und gehen lassen, wie sie wollen.
Selbst sie?
Vor allem sie.
Der größte Liebesbeweis, den du ihr geben kannst, besteht darin, ihr ihre Freiheit zu lassen.

Du bist enttäuscht, wie damals, als deine Mutter dich zum erstenmal allein gelassen hat.
Du bist enttäuscht, wie damals, als du zum erstenmal verstanden hast, daß die Welt und du unterschiedlich seid.
Sie fügt hinzu, daß du sie später wiederfinden wirst, irgendwo, vielleicht in der realen Welt.
Falls dein Schicksal es vorsieht...
Vorerst mußt du deinen Weg fortsetzen.
Im südlichen Teil des Sees gibt es einen unterirdischen Zufluß, und, geführt von den Delphinen, tauchen wir dort hinunter.
Am Eingang gibt es viele gelbe Korallen, orangefarbene Algen, rote Anemonen.
Die Delphine zeigen dir den Weg.
Immer geradeaus. Du wirst alleine gehen.
Du schwimmst.
Vor dir gibt es nur noch Felsgestein.
Es wird glatt und rosafarben.
Indem du in dem engen Durchgang vorwärtsschwimmst, steuerst du auf deine Vergangenheit zu.

Zuerst erinnerst du dich an die unerfreulichen Begebenheiten, die du zu vergessen versucht hattest, und nun scheust du dich nicht mehr, ihnen entgegenzutreten.
Du stellst dich einer Erinnerung nach der anderen.
Den Erniedrigungen.
Den ungerechten Entscheidungen.
Den Situationen, in denen du dich unverstanden gefühlt hast.
Dem Verlassenwerden.
Dem Verrat.
Den Feindseligkeiten der anderen dir gegenüber.
Du verstehst, warum du damals so gehandelt hast.
Und wie du besser hättest reagieren können.
Du stellst fest, daß bestimmte unangenehme Situationen sich regelmäßig und in der gleichen Abfolge der Ereignisse wiederholen.
Du begreifst, daß du selbst dafür sorgen mußt, daß du in diesen bestimmten Situationen zu einem bestimmten Ergebnis kommst.
Du gehst den Hergang deiner Niederlagen durch

und analysierst nüchtern, wissenschaftlich, von außen, wo du dich geirrt hast.
In welchem Moment du aufgegeben hast.
Daraus folgerst du, wie du dieselben Fehler vermeiden kannst.
Du ziehst aus jedem einzelnen eine Lehre.
Danach läßt du deine Sammlung glücklicher Momente an dir vorüberziehen.
Du wirst gewahr, daß bestimmte angenehme Situationen sich regelmäßig und in der gleichen Abfolge der Ereignisse wiederholen.
Du selbst hast den Kniff gefunden, damit du jedesmal Erfolg hast.
Du gehst den Hergang deiner Siege durch und erkennst, warum es funktioniert hat.
Dann überlegst du, wodurch du deine Methode verbessern kannst.
Du stellst fest, daß deine Siege nur halbe Siege waren und daß du es häufig aufgrund mangelnder Kühnheit nicht gewagt hast, dir die Belohnung zu nehmen, die du hättest bekommen können.
Vielleicht fühltest du dich solchen Erfolges nicht würdig.

Falls die Schule dich darauf vorbereitet hat, Schwierigkeiten zu bewältigen, hätte sie dich auch darauf vorbereiten müssen, Erfolge zu bewältigen.
Du kannst bei deinen Erfolgen noch sehr viel weiter gehen.
Hab keine Angst vor dem Sieg.
Schwimm.
Du beobachtest weiter deine Augenblicke der Freude, des Vergnügens, des Glücks, der Zärtlichkeit.
Du stellst fest, daß die angenehmen Momente letztendlich sehr viel zahlreicher sind als die unangenehmen.
In dem engen Durchgang werden die rosafarbenen Wände dunkelrosa, dann rot, dann dunkelrot.
Alles wird dunkler. Purpurfarben.

AM ENDE DES TUNNELS

Du machst einen schwachen Lichtspalt aus.
Er verbreitert sich und wird ein großer weißer Rhombus.
Das Licht wird immer greller.

Du möchtest kehrtmachen.
Doch zwei Hände sind aufgetaucht, die dich festhalten.
Du wirst nach vorn gezogen.
Du nimmst eine betäubende Stimme wahr.
»Weiter, es kommt!«
Der Rhombus ist viel zu eng, um dich hindurchzulassen.
Dein weicher Schädel wird aufs äußerste zusammengepreßt.
Du möchtest schreien, doch deine Lungen sind mit einer Flüssigkeit gefüllt.
Jetzt bist du draußen.
Das Licht blendet.
Ein kurzer Moment der Panik.
Es ist kalt.
Stimmen schreien.
Menschen mit einer Maske schauen dich an.
Du willst ihnen entgegenbrüllen, daß sie still sein sollen.
Daß sie dich in Ruhe lassen sollen.
Daß sie das Licht ausmachen sollen.
Sie sollen dich dorthin zurückbringen, wo du warst.

Im Wasser.
Zusammen mit den Delphinen und dem dich ergänzenden Wesen.
Verflixt! Du vergißt schon langsam sein Gesicht.
Wirst du es wiedererkennen, wenn du groß bist?
Doch du kannst noch immer nicht atmen.
Du bist wie ein Fisch, den man aus dem Wasser gezogen hat und der erstickt.
Du fragst mich, warum ich dir nicht zu Hilfe komme.
Tut mir leid, in diesem Fall kann ich nichts für dich tun.
Wie mein Freund,
der Roman *Die Zeitmaschine,* sagt,
man kann noch immer nicht mit der Vergangenheit spielen.
Es ist ein Moment, der bereits geschehen ist.
Ich kann dir lediglich anbieten, ihm beizuwohnen.
Du wirst deine Geburt nicht ändern können,
doch du wirst sie mit anderen Augen sehen können.
Hände mit Kautschukhandschuhen stellen dich auf den Kopf,
der Kopf hängt nach unten.

Das ist ziemlich unangenehm.
Man schlägt dir kräftig auf den Rücken.
Ah, diese Rohlinge!
Ich wußte selbst nicht, daß ihr euch von Anfang an solche Unannehmlichkeiten auferlegt.
Jetzt verstehe ich besser, daß einige von euch danach aggressiv werden ...
Du kannst noch immer nicht schreien.
Du spürst, daß die Spannung um dich herum steigt.
Heute erlebst du deinen ersten Streß.
Du erlebst auch dein erstes ungeduldiges Publikum.
Worauf wartet der Künstler noch, um mit dem Singen zu beginnen?
Stimmt, warum hast du nicht gleich geweint?
War diese Geburt so schwierig?
Was? Zuviel Licht? Zuviel Lärm?
Weißt du, wenn ich so darüber nachdenke, haben wir das alle durchgemacht.
Glaubst du etwa, daß es bei meiner Geburt, auf den Offset-Rotationsmaschinen, kein Licht und keinen Lärm gab?
Na los. Worauf wartest du? Schrei!

Weine!
Schrei!
Dieser Schrei muß aus dem Bauch kommen und wie ein Geysir hervorbrechen.
Aahh!
Noch besser. Stärker!
AAAAAAAAHHHHHHHHH
Uff, so, du hast es geschafft.
Du hast die Flüssigkeit, die sich in deinen Lungen angesammelt hatte, auf einmal ausgestoßen.
Das war deine erste »Äußerung«.
Willkommen bei den Menschen.
Dein Vater ist da und streckt dir die Arme entgegen.
Ein emotionsgeladener Moment.
Du wirst hochgenommen und auf den Bauch deiner Mutter gelegt, die dich küßt.
Überall bekommst du klebrige Küsse.
Es hilft dir, den Übergang vom Stadium eines Fisches in das eines kleinen Säugetieres zu ertragen.
Es hilft dir, die Erkenntnis, daß du kein Delphin bist, zu ertragen.
Du atmest erneut.

Die blinzelst.
Jemand durchtrennt deine Nabelschnur mit einer eiskalten, metallenen Schere.
Es wird ein Knoten gemacht.
Du hast Lust, wieder an deine Mutter gebunden zu werden.
Doch sie hören nicht auf dich.
Auch deshalb weinst du.

BEGEGNUNG MIT DEINEN AHNEN

Der Kreißsaal ist sehr lang und scheint sich auszudehnen, so weit das Auge reicht.
Du bemerkst, daß es dort nicht nur Geburtshelfer und Hebammen gibt.
Eine kleine Gruppe von Menschen erwartet dich.
Du schaust sie an.
Es sind deine Ahnen.
Ganz vorne deine Eltern.
Sie erklären dir, warum sie sich dich wünschten.
Sie erzählen dir, wie sie deine Geburt erlebt haben.
Sie erzählen dir einige Anekdoten über deine früheste Kindheit, die du nicht kanntest.

Sie erzählen von ihrer eigenen Jugend, ihren Leistungen, ihren Zielen, davon, was sie sich wünschten, was sie erreicht haben, was ihnen mißlang und von den Hoffnungen, die sie auf dich setzten.
Sie sagen dir, weshalb sie dich lieben.
Und du stellst fest, daß sie dies nicht nur tun, weil du ihr Kind bist, und daß sie dich als eigenständiges Individuum schätzen.
Du umarmst sie und dankst ihnen für alles, was sie für dich getan haben.
Falls du glaubst, ihnen etwas vorwerfen zu müssen, vergiß es.
Du verdankst ihnen das Leben.
Falls du glaubst, es besser zu machen als sie, es liegt bei dir, dies bei deinen eigenen Kindern zu beweisen.
Hinter ihnen sind deine vier Großeltern.
Auch sie erzählen ihre Geschichte.
Wie sie sich begegnet sind und warum sie sich verliebt und geheiratet haben.
Du erkennst, daß du einige ganz bestimmte Charakterzüge von ihnen geerbt hast.
Einer deiner Großväter, der weiseste, gibt dir einen Rat:

»Vergeude deine Energie nicht für Dinge, die die Mühe nicht wert sind.
Nimm dir Zeit, das zu tun, was dir wichtig erscheint.«
Der andere Großvater spricht zu dir.
Er sagt dir, daß du das Recht hast, egoistisch zu sein.
»Wenn du gut nachdenkst, wirst du feststellen, daß es nach dem Egoismus dein unmittelbares Interesse ist, dich um die anderen zu kümmern.
Was würde es dir bringen, wenn du dich als einziger in deiner Haut wohl fühlst und dabei von Menschen umgeben bist, die gestreßt sind?«
Eine deiner Großmütter blafft ihn an.
Ihrer Meinung nach muß man jede Situation selbst durchleben,
auch die schlechten.
Man muß sich irren, um den guten Weg zu finden.
Sie sagt dir, genau wie ich, daß du die »wohlmeinenden Ratgeber« meiden solltest.
Die andere Großmutter stimmt dem bei.
»Du mußt aus deinen Fehlern lernen.
Es gibt keine Möglichkeit, dem zu entrinnen.

Das Schlimmste, was dir passieren kann, ist, daß
du ein ödes Leben ohne Fehler hast.«
Hinter ihnen außerdem:
Deine acht Urgroßeltern.
Sie tragen die Kleidung ihrer Zeit.
Sie erzählen dir stolz von den Entdeckungen und
den Umwälzungen in ihrem Leben.
Danach kommen dann deine sechzehn
Ururgroßeltern.
Von ihnen hast du kaum etwas gehört.
Schließlich deine zweiunddreißig Urururgroßeltern.
Du durchschreitest den Gang schneller.
Und du gehst die Zeit und deinen Stammbaum
zurück.
Jetzt sind deine Ahnen
Menschen der Renaissance, dann des Mittelalters,
der Antike,
der Vorzeit.
Der Raum, der sich noch immer weiter in die
Länge zieht, hat sich in eine Höhle verwandelt.
Deine Vorfahren sind in Tierhäute gehüllt.
Ihre Augenwulste stehen vor.
Du hast den Eindruck, daß sie dir fremd sind, und
dennoch fließt ein Teil ihres Blutes in deinen Adern.

Sie betrachten dich wohlwollend, doch es gelingt ihnen nicht, sich in einer verständlichen Sprache zu äußern.
Und so unterhältst du dich mit ihrem Geist.
Du hast dich mit den Delphinen mittels Telepathie unterhalten,
warum also nicht mit deinen Ahnen?
Sie zeigen dir, was sie fasziniert:
das Feuer, das man mit Steinen entzünden kann,
die Pfeile und die Bögen.
Du sagst dir, daß du, als du in deiner Kindheit ebenfalls mit Pfeil und Bogen gespielt hast, die Geschichte der Menschheit wiederholt hast.
Sie erzählen dir von ihrem Weltbild.
Für sie ist das, was sich jenseits des Horizontes befindet, ein großes Geheimnis.
Sie erzählen dir von ihren Sorgen.
Der Angst vor den Wölfen.
Der Angst vor den Bären.
Der Angst zu verhungern, wenn sie morgen kein Wild finden.
Der Angst vor dem Gewitter.
Der Angst vor dem rivalisierenden Stamm,
der im Winter immer versucht einzufallen,

um die Vorräte zu rauben.
Deine Anwesenheit beunruhigt sie plötzlich.
Sie fragen dich, wie du gekommen bist.
Du sagst, durch »Das Buch der Reise«.
Sie fragen dich, was ein Buch ist.
Also malst du ein Symbol auf die Erde.
Sie ritzen Symbole in den Boden, die deinem ähneln.
Du verbesserst ihre Fehler.
Indem du zuläßt, daß dein Geist in die Vergangenheit reist, bist du gerade im Begriff ...
den Grundstein für die Schrift zu legen!
Und somit erst die Möglichkeit zu schaffen, daß dieses Buch existiert!
Welch schwindelerregendes Paradox ...
Du gehst etwas zurück und erblickst deinen Stammbaum.
Du bist der Stamm.
Unter dir ist das Gewirr der Wurzeln.
Über dir Astwerk in Hülle und Fülle.
Diese Blätter dort oben sind deine Kinder.
Deren Kinder.
Deren Enkelkinder.
Der Baum deiner Nachkommenschaft ist selbst

eine Wurzel, die sich mit Milliarden anderer Wurzeln vereinigt, um den Baum der Menschheit zu bilden.
Die Knorren in der Rinde der Äste sind die Krisen, die die Evolution der Spezies rhythmisch gliedern.
Es sind die Kriege, die Völkerwanderungen, die Erfindungen, der Abbau der Bodenschätze, die sozialen Konflikte, die Wirtschaftskrisen, die Staatsstreiche.
Kehren wir zur Betrachtung deiner Vorfahren zurück.
Der Raum hatte sich vom Kreißsaal zur Höhle verwandelt, nun öffnet er sich auf einen Wald.
Du befindest dich inmitten eines Laubdickichts.
Du erblickst einen Ahnen, der nicht auf zwei, sondern auf vier Füßen geht.
Er ist behaart, gleicht einem Affen.
Du streichelst seinen Kopf, du versuchst, seine Pfote zu halten.
Höre seinen Geist.
Er sagt, daß die Raubkatzen, die kommen, um die Kinder zu stehlen, wenn alle Mitglieder seiner Horde in den Ästen schlafen, ihm viel Kummer bereiten.

Er hat Angst, nichts zu essen zu finden.
Er hat Angst, daß die Sonne morgen nicht wiederkommt.
Du gehst auf diesem Ast weiter.
Nun haben die Wesen, die vor dir sind, nichts Menschliches mehr.
Dieser Urahn gleicht einer ängstlichen Spitzmaus.
Und der dort einer Eidechse mit schuppiger Haut.
In ihrem Blick liest du nichts Vertrautes mehr, ihr Geist wird von nur noch zwei Gedanken beherrscht: »Wo werde ich etwas zu fressen finden?« und »Wo werde ich ein Weibchen finden?«
Der lange Ast führt zum Ozean hinab, wo du deinen Vorfahren Fisch erblickst.
Du gehst weiter und triffst auf eine Art blaue Alge.
Die Telepathie ist dir keine Hilfe,
die Elemente denken nicht, sie leben.
Verachte sie nicht.
An nichts zu denken ist etwas, wozu du nicht einmal in der Lage bist.
Immer gibt es in deinem Kopf einen Gedanken.
Und sei es nur dein Wille, an nichts zu denken...
Nach der blauen Alge triffst du auf ein einzelliges Wesen.

Du gehst weiter.
Nun ist es nicht einmal mehr eine Zelle,
es ist ein Wassermolekül.
Dann ein Wasserstoffatom.
Dann ein Quark.
Und bevor es ein Quark war?
War es reine Energie.
Es war Licht.
Wärme.
Du hast das Andenken an den großen Urknall in deinem Blut.
Nimm es wahr.
Von dort kommst du im Grunde deines Wesens.
Einem großen Feuerwerk entsprungen, das eines Tages im Universum losbrach.
Du betrachtest den Urknall von innen.
Du fragst ihn, warum du existierst, statt nichts zu sein.
Du fragst ihn, warum dein Bewußtsein, einfach dadurch, daß es mich liest, in der Lage ist, sich bis hierher zu erstrecken.
Und der Urknall, die gigantische Explosion, erklärt dir, warum du, gerade du, geboren bist.
Hör gut zu.

Wenn du es möchtest, dann verweile ein bißchen
im Urknall.
Schwimm im fossilen Licht.
Dieses Licht ist auch das deiner Ahnen.
Nun, wo du dies weißt, bist du bereit für eine
weitere Entdeckung.
Folge mir. Kehren wir zur Erde zurück.

BEGEGNUNG MIT DEINEM PLANETEN

Du siehst deinen Planeten von oben.
Die Erde, die sich eben nicht verständlich machen
konnte, spricht zu dir.
Sie hat noch immer diese tiefe und schwerfällige
Stimme.
Nunmehr verständlich, läßt sie verlauten:
»Endlich hast du verstanden.
Wir haben einen gemeinsamen Ahnen:
den Urknall. Wir sind
entfernte Cousins ...«
Sie erzählt dir ihre Geschichte.
Einst war sie eine Staubwolke.
Die Staubwolke bildete ein Konglomerat.

Dann eine Sphäre.
Gaia sagt dir, daß sie von jenem Moment an eine Art Eizelle in Wartestellung war.
Sie wurde von einem Meteoriten befruchtet, der vom Ende des Universums kam.
Dieser, ein kleiner umherstreifender und einsamer Kieselstein, war ein Spermatozoid aus dem All.
Er besaß einige Aminosäuren.
Das reichte aus, um eine Alchimie zu erschaffen, die Anfänge des Lebens.
Dann bietet Gaia dir Einblick in ihre Vorstellungswelt als Planet.
Und plötzlich fühlst du das, was die Erde fühlt.
Schließ die Augen.
Du fühlst dich in sie hinein.
Sie nennt dir ihren großen Kummer: ihr Platz innerhalb des Sonnensystems.
So hat jeder seine Sorgen.
Bisweilen wird sie durch Merkur und Venus gestört, die sich in ihre Bahn der Sonneneinstrahlung stellen.
Sie fühlt sich winzig im Vergleich zu Jupiter oder Saturn.

Familiengeschichte.
Die Sonne ist ihre Mutter, und manchmal spürt sie die Rivalität der anderen Schwesterplaneten.

BEGEGNUNG MIT DEINER GALAXIE

Die Erde öffnet dich für den Geist des Sonnensystems.
Dein spiritueller Horizont erweitert sich.
Du, ein einfacher Mensch, fühlst, was das Sonnensystem denkt.
Es fühlt sich alt.
Die Ellipsen seiner Planeten verziehen sich.
Sein Magnetfeld ist von Meteoriten durchlöchert.
Es spürt, wie es abkühlt.
Es fragt dich: »Wohin geht die Galaxie?«
Es befindet sich zu weit an den Rändern dieses dritten Armes der Milchstraße.
Es fürchtet, in die Leere des Alls geschleudert zu werden, falls die Galaxie ihr Strudeln verlangsamt.
Du gehst daher ins Zentrum der Galaxie.
Du bist von Millionen funkelnder Sterne umgeben.

Diesen ganzen Objekten des Alls ist gemeinsam,
daß sie sich alle langsam drehen.
Je näher man dem Zentrum der Galaxie kommt,
desto schneller dreht es sich.
Im Zentrum entdeckst du ein schwarzes Loch.
Es hat große Ähnlichkeit mit einem Mund, der
alles ansaugt.
Die Sterne in seiner nächsten Umgebung werden
davon erfaßt.
Während sie in diesem schwarzen Loch versinken,
singen sie ein Abschiedslied und senden einen
schillernden Lichterglanz und Strahlen aller
Wellenlängen aus.
Du hast nichts zu befürchten.
Du verharrst über dem schwarzen Loch.
Und die ganze Galaxie dreht sich um dich herum.
Du hältst deine Arme spiralförmig.
Du schwingst dein Becken, deine Schultern und
Arme folgen.
Du läßt deinen Kopf sanft nach hinten fallen.
Wie es die drehenden Derwische tun.
Du tanzt im Zentrum deiner Galaxie.
Und du drehst dich und drehst und drehst,
bis du in einer Art Taumel bist.

Deine Arme werden länger, um die Arme der Galaxie zu werden.
Du wirbelst die Sterne durcheinander, als seien es ebenso viele Lichtkörner, die es zu mahlen gilt.
Na los, umarme das ganze Universum, indem du deinen Geist noch weiter machst.
Das Universum erscheint dir anfangs würfelförmig, dann sphärisch, doch wenn du genau nachdenkst, ist es kegelförmig.
Nun steigst du zum höchsten Punkt des Kegels hinauf.
Und an der Spitze findest du wieder den Urknall.
Ein Fall von Koinzidenz.
Am Beginn der Zeit steht der Urknall.
An der äußersten Grenze des Alls ist ebenfalls der Urknall.
Ist dies also die Grenze des nutzbaren Universums?
Stell diese Frage direkt diesem Licht.
Es antwortet dir, daß du erst ein einziges Raum-Zeit-Universum erkundet hast.
Es schlägt dir vor, die Wahrnehmung deiner äußeren und deiner inneren Sinne zu erweitern, um andere Welten zu besuchen.
Du antwortest ihm, daß du bereit bist.

Daraufhin wird dein Horizont, der sich seit Beginn der Reise bereits beträchtlich erweitert hat, überdimensional.
Du glaubtest, eine große Reise zu machen.
Nun ist sie von einer Größe jenseits des Beschreibbaren.
Mehr noch, du nimmst parallele Welten wahr, außerhalb der Dimensionen, die du kennst.
Diese Welten berühren sich wie Seifenblasen.
Diese Welten haben kolossale Größenunterschiede.
Vielleicht ist dein Universum vollständig in einem einzigen Buchstaben eines Buches enthalten, welches einer höheren Dimension angehört.
Vielleicht ist dein Universum in einem Punkt wie diesem enthalten:

•

Und vielleicht gibt es in diesem Punkt unendlich viele winzig kleine Welten,
die im Innern Galaxien und winzige Planeten haben.
Wo die Menschen vielleicht Dinge entdeckt haben, von denen wir noch nichts wissen.
Diese Vorstellung hat nichts Erschreckendes, im Gegenteil, denn du bist nicht nur mit dem

Universum verbunden, sondern auch mit etwas, das es übertrifft.
Dem Leben.
Es ist die große Kraft aller Dimensionen des Universums.
Das Leben.
Du spürst den Lebenstrieb in dir.
Das Leben wollte den Urknall.
Das Leben hat das Universum erschaffen.
Das Leben hat die Erde erschaffen.
Das Leben verwandelt das Samenkorn in einen Baum.
Das Leben sorgt dafür, daß eine verliebte Umarmung ein Baby hervorbringt.
Würdige es, daß du lebst.
Ich hatte dir gesagt, daß es einfach ist.
Gut, das ist noch nicht alles.
Unten bekommt dein materieller Körper langsam Krämpfe.
Kehren wir zur Erde zurück.
Nein, dräng mich nicht.
Das reicht für heute.
Nun muß dein Reisetag dem Ende entgegengehen.
Komm, wir gehen.

Du nimmst wieder die Form eines durchsichtigen Vogels an.
Los, mach einen Flügelschlag, fliege, gleite über die Wolken.
Folge mir.
Ich nehme dich mit zu dem Lichtstrahl, der von deinem Bauchnabel ausgeht.
Gehen wir, wir sind genug umhergezogen, das Buch unten geht dem Ende entgegen, du mußt in dem Moment in deinen Körper zurückgekehrt sein, in dem deine Finger die letzte Seite umblättern und auf die Worte »auf Wiedersehen« stoßen werden.
Wie, du willst noch umhergleiten?
Los, komm, du weißt doch, daß du »Das Buch der Reise« noch einmal lesen kannst, wann immer und so oft du willst.
Ich gehöre dir.
Doch dir zuliebe müssen wir zurückkehren.
Wegen des Heimwehs.
Weißt du, es ist gut, neue Abenteuer zu erleben.
Aber es ist auch nicht schlecht, sich zu erinnern, daß man ein Abenteuer erlebt hat.

Es ist ein bißchen wie mit einer Lasagne, die man am nächsten Tag aufwärmt.
Sie ist dann noch besser.
Schau nach unten.
Erkennst du den Ort wieder?
Du kommst an deinem Grundstück vorbei und siehst noch einmal deinen Zufluchtsort.
Du überfliegst die Kontinente, die Gebirge und Ozeane.
Du fliegst etwas tiefer.
Menschenmassen laufen in alle Richtungen wie Ameisen, und du weißt, daß das deine Spezies ist.
Die menschliche Spezies, die versucht, alles besser zu machen als ihre Vorfahren.
Einen Moment lang nimmst du deine Spezies als eine riesige Horde wahr.
Eine Horde auf der Suche nach dem Licht.
Vielleicht aus Sehnsucht nach dem Urknall, von dem noch winzige Spuren in ihr vorhanden sind.
Eine Horde, die ihr tierisches Wesen ablegen will, um etwas Unbekanntes und Spirituelleres zu erlangen, dem du dich im Laufe deiner Reise durch die vier Elemente angenähert hast.
Langsam sinkst du nach unten.

Schon befindest du dich über deinem Haus.
Ein Lichtstrahl steigt vom Dach auf.
Es ist dein Lichtstrahl.
Du hältst dich daran fest und rutschst nach unten, als wäre er eine Liane.
Du überwindest die Stockwerke, die Nachbarn, die Böden und landest an der Stelle, wo du mich liest.
Der »Typ, in dem dein Geist lebt«, blättert die Seiten um.
Es ist ein belustigendes Gefühl, was?
Komm, Geist des Lesers.
Kehren wir beide in unsere gewöhnliche Schale zurück.
Weißt du, wie du vorgehen mußt?
Hier ist dein Körper.
Und hier ist dein Geist.
Es genügt, beide miteinander zu vereinen.
Du betrachtest deinen Körper ein letztes Mal von außen.
Dein Körper ist vergleichbar mit einer Nation, die mit vielerlei Mächten ausgestattet ist, welche sich nicht gegenseitig hemmen.
Zwischen deiner rechten und deiner linken Hand gibt es keine Rivalität.

Du selbst bist ein Beispiel für eine Politik des Einvernehmens und der Solidarität zwischen den unterschiedlichen und sich dennoch ergänzenden Zellen.
Und dein Körper ist nach dieser Reise völlig im inneren und äußeren Gleichgewicht.
Du fühlst dich gut.
Entspannt. Tatkräftiger.
Ruhiger. Gelassener.
Deshalb kannst du unbesorgt in deinen Körper zurückkehren, der nunmehr besänftigt ist.
Dein Geist kehrt in dein Fleisch zurück, wie ein Dieb, der durch den Kamin in ein Haus gelangt.
Er übernimmt wieder die Kontrolle über das menschliche Wesen, das du vor der Reise warst.
Blinzle.
Schluck.
Da, du bist gerade dabei, mich zu lesen.
Dein Atem wird etwas weiter.
Erinnere dich ganz genau an jede Etappe dieser imaginären Reise.
An deinen Besuch in der Welt der Luft.
An den in der Welt der Erde.
In der Welt des Feuers.

In der Welt des Wassers.
Du erinnerst dich an den Satz, der in deinem Buch für dich bestimmt war.
Du erinnerst dich an deine Antwort.
Dein Atem wird ein bißchen tiefer.
Du fühlst dich so, als ob du nach einer Nacht, in der du schöne Träume hattest, aufwachst.
Doch es war kein Traum.
Es war ein heimlicher Ausbruch deines Geistes.
Du erinnerst dich an dein Symbol.
Dein Atem wird weiter.
Dein Herz schlägt schneller.
Du schluckst noch einmal.
Du nimmst wieder das Zimmer wahr, in dem du dich befindest,
und das, was du gerade tust.
Du liest.
Du erinnerst dich nicht mehr genau, in welchem Körper dein Geist wohnt, nimm einen Spiegel, und entdecke dein Gesicht.
Komm dann zurück.
Du betrachtest mich mit meinen weißen, rechteckigen Seiten, die mit kleinen Buchstaben bedeckt sind.

Hör auf, mich so anzustarren, das schüchtert mich ein.
Du fragst mich, was genau geschehen ist?
Folgendes ist geschehen: Ich bin ein Buch, das die Macht besitzt, dich dazu zu bringen, außergewöhnliche Dinge zu tun.
Aber du, du allein, hast diese außergewöhnlichen Dinge vollbracht.

Auf Wiedersehen.

Während ich *Das Buch der Reise* schrieb, hat mich folgende Musik begleitet:

- *I Wish You Were Here,* Pink Floyd.
- *Konzert in C für Piccoloflöte und Orchester,* Antonio Vivaldi.
- *Mike Oldfield Incantation,* Mike Oldfield.
- *Fugazi,* Marilion.
- *Die Planeten,* Gustav Holst.
- *Book of the Rose,* Andreas Vollenweider.
- *Close to the Edge,* Yes.
- *Supper's Ready,* Genesis.

Sergio Bambaren

Der träumende Delphin

Eine magische Reise zu dir selbst. 96 Seiten. Halbleinen. Mit 10 farbigen Illustrationen von Heinke Both. Aus dem Englischen von Sabine Schwenk.

»Der träumende Delphin« ist eine wunderbare Geschichte über unseren Mut, unsere Ängste und unsere persönlichen Grenzen. Dieses Buch erinnert uns daran, daß es mehr im Leben gibt, als man auf den ersten Blick wahrnimmt: Dinge, die wir nur entdecken können, wenn wir sowohl unseren eigenen Prinzipien als auch unseren Herzen folgen. Es ist eine Geschichte voller Hoffnung, die ein Stück des Zaubers dieser Welt enthüllt, der allzu oft in Vergessenheit gerät. Folgen Sie Ihren Träumen, hören Sie auf Ihre innere Stimme, und lassen Sie sich von Daniel Alexander Delphin auf die zauberhafteste Reise entführen, die es gibt: auf die Suche nach der eigenen Bestimmung.

KABEL